Prefacio por

Congresista Ileana Ros-Lehtinen

Miami, FL

De Indocumentado a Abogado
Copyright © 2022 Jesus Reyes

ISBN: 979-8-9857867-7-4 (impreso)
ISBN: 979-8-9857867-6-7 (ebook)

Número de control de la Biblioteca del Congreso: 2022910279

Directora del proyecto: Laura Reyes
Editora: Celida Hernandez
Diseño de portada y maquetación: Wilmer Hurtado
Fotos tomadas en Colombia y México: Javier Soto-George
Disposición interior: Annette R. Johnson, Allwrite Communications

Impreso en los U.S.

Dedicación

Primero, dedico este libro a mi Señor y Salvador Jesucristo, quien ha guiado mis pasos y enderezado mi camino por Su gracia, y a través de su guíanza he superado muchos obstáculos.

También quiero dedicar este libro a mi esposa, Laura, que es mi mejor amiga y la persona que Dios ha puesto a mi lado en este viaje. Ella siempre ha creído en mí y me ha apoyado en todo lo que hago; ¡Te amo, Laura!

A mis hermosas hijas, Abigail y Emma, las dos princesas que me robaron el corazón, sé que lograrán grandes cosas en el futuro.

A mis padres, Jesús Gregorio Reyes y Glenda Mendoza, que siempre nos han dado amor a mí y a mis hermanos y nos han inculcado buenos principios.

Finalmente, dedico este libro a mi querida tierra natal, Venezuela, donde crecí y de la que tengo buenos recuerdos.

También lo dedico a los Estados Unidos, el país que me recibió con los brazos abiertos y me dio la oportunidad de alcanzar mis sueños y es el faro de esperanza para muchos en todo el mundo.

Tabla De Contenidos

Reconocimientos

Entre las personas a las que también me gustaría agradecer, y que de una forma u otra jugaron un papel importante en mi vida, están mis hermanos Guillermo y Marcos. Fueron de enorme ayuda cuando más contaba con ellos y son más que hermanos para mí; son mis amigos incondicionales. A mis abuelos Víctor Reyes, Guillermo Mendoza, Eumelia Mendoza y Alís Ballestero. Aprecio su amor y ayuda infinita para mi familia.

También me gustaría agradecer a mi asesora y consejera de Miami-Dade College, Merlene Purkiss, por creer en mí y darme una mano amiga cuando más lo necesitaba. También quiero expresar mi gratitud a la maestra Sharon Hanes de Hammocks Middle School. Siempre estaré agradecido a la directora de Americans for Immigrant Justice, la Sra. Cheryl Little, y al ex presidente de Miami-Dade College, Eduardo Padrón, por su ayuda y cooperación en un momento en que mi familia y yo más lo necesitábamos. También me gustaría dar un agradecimiento especial a mis profesores de derecho en Liberty University. Me enseñaron la profesión de la ley en todas las ramas a través de una doctrina sana, justa y bíblica. También quiero agradecerles por creer en mí como persona y como profesional.

Me gustaría dar un agradecimiento especial al pastor Guillermo Maldonado cuya iglesia sirvió como fuente de inspiración y fortaleza para mi fe en Jesucristo.

Este libro no sería una realidad si no fuera por este gran país, los Estados Unidos de América, por habernos acogido a mi familia y a mí. Este país me dio la oportunidad de alcanzar mis sueños mientras honraba mis raíces en mi Venezuela natal, donde crecí y aprendí los fundamentos clave para el resto de mi vida.

Mis logros profesionales no hubieran sido una realidad sin mi equipo de trabajo, compuesto por hombres y mujeres que, con mucho esfuerzo, dedicación y responsabilidad, se han convertido en la esencia que nos ha permitido ayudar a tantas personas a alcanzar el sueño americano. Finalmente, y de una manera muy especial, quiero reconocer a los inmigrantes que, con trabajo duro y sacrificio, lo han dejado todo atrás para lograr el sueño americano. ¡Este libro es por ti y por ti!

Prefacio

En mis casi cuatro décadas como servidora pública, se me permitió la oportunidad de ayudar a muchas familias, especialmente en casos relacionados con la inmigración. Como miembro del Congreso de los Estados Unidos de 1989 hasta el 2019, presenté y apoyé muchas leyes que beneficiaron a las familias inmigrantes respetuosas de la ley que buscaban una vida mejor.

Conozco su historia porque es mi historia. Nací en La Habana, Cuba, y mi familia y yo nos vimos obligados a huir del comunismo y buscar la libertad y la democracia en los generosos Estados Unidos. Como muchos inmigrantes, llegamos a Estados Unidos buscando refugio y la oportunidad de hacer una vida mejor. Al igual que Jesús Reyes, me apasionaba ayudar a los demás y mi carrera como maestra me llevó al servicio público. Tuve el honor de convertirme en la primera mujer hispana elegida para la Cámara de Representantes de Florida, el Senado de Florida y la Cámara de Representantes de los Estados Unidos.

Conocí a Jesús y a su hermano cuando servía en el Congreso representando a nuestra diversa y vibrante comunidad del sur de la Florida. Estudiantes, compañeros de clase y maestros de mi alma mater, Miami Dade College, se acercaron a mí con respecto a la difícil situación de los hermanos Reyes. Al enterarme de los hechos de su caso, apoyé su petición de permanecer en los Estados Unidos y me sentí aliviada cuando fueron liberados de la custodia de ICE. Como miembro del Congreso, apoyé la Ley DREAM que permitiría un camino hacia el estatus legal para los

niños que fueron traídos a los Estados Unidos.

En este libro, Jesús comparte su experiencia personal desde sus días en su tierra natal, hasta su viaje a los Estados Unidos y los obstáculos que ha superado para alcanzar el sueño americano. Jesús enfrentó muchas dificultades, pero su fe y el apoyo de su amada esposa, hijas y familia le han permitido a este joven hacer el viaje de inmigrante indocumentado a abogado próspero.

En mi carrera, siempre enfatizo que es la grandeza, el excepcionalísimo y la inmensa generosidad de los Estados Unidos y el pueblo estadounidense lo que permitió que un inmigrante que llegó a los Estados Unidos a los 8 años sin saber una palabra de inglés se convirtiera en un miembro del Congreso de los Estados Unidos. Jesús es un ejemplo brillante de que con perseverancia, fe en Dios y el amor a la familia y la comunidad, todo es posible.

~Congresista Ileana Ros-Lehtinen
Miembro del Congreso (1989 - 2019)
Primera Congresista Latina en los Estados Unidos

Introducción

"¡Hijo, la inmigración está en la puerta!" Con estas palabras, mi padre me alertó de que las autoridades del Servicio de Inmigración y Control de Aduanas (ICE) venían a arrestarnos. Era el 9 de noviembre de 2009, mientras todavía dormía en mi habitación en nuestro apartamento ubicado en un suburbio de Miami, Florida. Ese día marcó una transición en mi vida. Después, me preguntaba con indiferencia: "¿Y ahora qué? ¿Quiénes son las personas que vinieron a arrestarme? ¿Qué nos va a pasar a mi familia y a mí? "Esto es lo que tantos inmigrantes indocumentados y personas de todo el mundo temen, ¡y me pasó a mí! Los agentes de inmigración vinieron a arrestarme y sacarme de los Estados Unidos.

El día que sucedió, me estaba preparando para tomar un examen de derecho constitucional en Miami Dade College, donde era un estudiante de tiempo completo que estudiaba justicia penal. Ese fue el día en que pasé de ser un estudiante del cuadro de honor en esa estimada institución a un recluso de las autoridades de inmigración. A partir de ese momento, fui tratado como un criminal; mis planes para construir un futuro mejor fueron interrumpidos por agentes federales de inmigración. El miedo, la incertidumbre, la humillación y la preocupación chocaron en ese momento, y por un instante, me hicieron cuestionar la voluntad de Dios. Sabiendo que agentes de inmigración me querían arrestar, mis pensamientos eran solo preguntas. Sabía que nos estaban llevando porque teníamos una orden final de deportación; Sabía que mi sueño americano había llegado al punto final y que lo que siguió fue una gran pesadilla. Nada podría haberme preparado para ese momento.

Pasé de ser un estudiante del cuadro de honor a un recluso que fue detenido, esposado y privado de cualquier libertad. ¿Quién soy yo y por qué mi historia es posiblemente tu historia y la historia de millones de personas que sueñan con un futuro mejor? ¿Podría ser que la providencia divina, en lugar de simplemente manejar mi situación de inmigración en términos normales, permitió que todo esto sucediera? Te invito a que hagas como las águilas que a veces tienen que romper sus propios picos y garras para rejuvenecerse. Sé como el águila que arranca plumas viejas para volar más alto. Sea esa águila rejuvenecida, empoderada para volar y superar las circunstancias adversas que se presentan en su vida, especialmente las de carácter migratorio.

A través de este libro, le daré la oportunidad de aprender más sobre mí y ser inspirado a tomar riesgos y pasos de fe que lo beneficiarán a usted y a sus seres queridos. Tal vez mi razón para escribir este libro, además de inspirar a la gente, es para darle a usted y a toda nuestra comunidad inmigrante conocimiento práctico sobre temas de inmigración. Desafortunadamente, este es un conocimiento que mi familia no tenía cuando llegamos a los Estados Unidos. No sabíamos a dónde ir, a quién recurrir o en quién confiar. Solo confiábamos en amigos que trataban de orientarnos, incluso con el poco conocimiento que tenían sobre inmigración. Como resultado, tuvimos que aprender a través de los errores y hacer sacrificios para pagar a personas sin escrúpulos. En resumen, tenemos algunas malas experiencias, especialmente en las oficinas de notarios o asistentes legales sin ninguna capacitación en asuntos de inmigración. A través de este libro, espero que esté preparado para conocer las opciones básicas que tiene una persona al inmigrar a los Estados Unidos y cuáles son los pros y los contras de nuestro sistema de inmigración.

Yo era un niño en Caracas, Venezuela, en una familia profesional de clase media, que se convirtió en un humilde inmigrante a punto de ser deportado en Miami, Florida. Hoy dia, soy un abogado con licencia a ejercer en los Estados Unidos quien se especializa en asuntos de inmigración. Esta es la prueba de que con determinación, fe en Dios y un deseo de tener éxito, todo es posible.

Los invito a conocer mis inicios, mi historia y cómo poco a poco se abrieron puertas para ayudar a cientos de personas en todo el mundo a regularizar su estatus migratorio en los Estados Unidos y a contribuir y participar en temas de inmigración para los principales medios de comunicación como CNN, Univisión, Telemundo y otros. Quiero motivarte a dar sabios pasos de fe para seguir adelante para que, independientemente de las situaciones difíciles en tu vida, no necesariamente signifique que todo deba terminar allí, y que tal vez, esos momentos amargos sean la clave de tu éxito.

También quiero llenarlos de conocimientos prácticos para que ustedes o sus seres queridos puedan ser parte de la grandeza de este país y ser beneficiarios y partícipes del sueño americano, un sueño que es verdad porque para mí, ¡cada día es una realidad! En ese sentido, también he publicado una mini guía de inmigración titulada "La Pequeña Guía Práctica para Inmigrantes" tanto en inglés (ISBN: 979-8-9857867-0-5) como en español (ISBN: 979-8-9857867-2-9). Deja que mi historia sea tu historia y mis recursos legales y gubernamentales también sean los tuyos. ¡Comencemos!

CAPÍTULO 1

Inestabilidad en Venezuela

"¡**B**ájate! ¡Estás disparando!", gritó mi padre cerca de un balcón en un apartamento de la parroquia Altagracia, un sector de la ciudad de Caracas, Venezuela, mientras se escuchaba el intenso sonido de bombas y balas a nuestro alrededor. En ese momento, el teniente coronel Hugo Chávez Frías intentaba ganar poder derrocando al gobierno legítimo de Venezuela dirigido por el Sr. Carlos Andrés Pérez. Esto, para mí, siendo un niño lleno de imaginación, fue algo tenso; sin embargo, fue una experiencia interesante porque sentí que estaba en medio de una guerra, ¡y lo estaba! Lo que no entendí en ese momento fue la magnitud de la situación. El aspecto más desafortunado fue que se perdieron vidas. Lo que sucedió allí fue, sin saberlo en ese momento, un preliminar para mi de las muchas cosas que sucedieron más tarde en mi vida y en la vida de miles de venezolanos.

Para que comprenda completamente mi pasión por la inmigración en los Estados Unidos y, lo que es más importante, la razón de muchas de mis acciones, creencias y valores hoy, tendrá que aprender sobre mis antecedentes y experiencias en mi país natal, Venezuela. Para empezar, tuve una infancia muy especial. Nací en Los Teques, la capital del

1

estado venezolano de Miranda, el 23 de junio, y crecí en Caracas, Venezuela. En ese momento, el candidato presidencial Carlos Andrés Pérez ganaba en la lucha por su segundo mandato como presidente de Venezuela. Soy el menor de tres hermanos, y mi padre era economista en el Banco Central de Venezuela, mientras que mi madre trabajaba como contadora en un banco llamado Fivenez, que más tarde cambió su nombre a Banco Caracas. Mis padres siempre hicieron todo lo posible para dar a mis hermanos Guillermo, Marcos y a mí, la mejor crianza y educación. . " Se necesita a un pueblo para criar a un niño", por lo que la asistencia y el apoyo de mis abuelos fue esencial. Nos cuidaron en varias ocasiones y nos dieron el amor y la atención que requeríamos; nos acostumbramos a visitarlos casi todos los fines de semana. Mis abuelos maternos vivían en un sector de Los Teques, mientras que mis abuelos paternos vivían en un sector de Caracas llamado Caricuao.

Dos realidades diferentes en Venezuela

Recuerdo las fiestas especiales en Venezuela. La felicidad de la Semana Santa y la sensación de Navidad trajeron a mi familia alegría, esperanza y un sentido de unidad entre conocidos y extraños que no tenían comparación. Entre platos típicos, como las hallacas (conocidas como tamales en otros países), las gaitas alegres y los villancicos, celebramos con familiares y amigos. Mis abuelos, tíos, tías y primos se reunían cada diciembre para celebrar estas fiestas especiales. ¡Mi familia era numerosa! Como muchos de ustedes pueden relatar, en nuestros países, tenemos parientes cercanos y lejanos. Algunos vivían a solo unas cuadras de distancia el uno del otro. Como un niño, tuve el privilegio de crecer con ellos, y esto fue muy especial para mí.

Hasta el día de hoy, tengo recuerdos muy hermosos de mi infancia. A pesar de esos momentos agradables, hubo otros menos agradables que me recuerdan los peligros sociales y políticos que atravesaba mi ciudad y el país entero en aquel momento. Incertidumbre política y una creciente desconfianza de las personas hacia el gobierno, conjuntamente con el incremento de la taza del crimen, dejaron a mis padres con una profunda preocupación sobre la seguridad de nuestra familia. Recuerdo que un día, cuando tenía alrededor de 6 años, mi padre y yo nos subíamos a un autobús que nos iba a llevar a casa. Salía del preescolar del Banco Central de Venezuela mientras mi padre terminaba su jornada laboral. Recuerdo que esperaba para entrar en el autobús con mi padre cuando un hombre con un arma lo derribó violentamente para robarle la billetera. Mientras esto sucedía, yo ya estaba en el proceso de entrar en el autobús, pero él se quedó atrás. El hombre estaba golpeando a mi padre y tratando de robar sus pertenencias en la calle. El conductor del autobús, sin darse cuenta de lo que estaba sucediendo, cerró la puerta entre mi padre y yo, así que estaba en el autobús solo. Sin duda, estaba aterrorizado de dejar atrás a mi padre.

Incluso hoy, puedo recordar los gritos de las personas que intentaban advertir al conductor de lo que estaba sucediendo y le rogaban que retrocediera. Recuerdo que cada segundo parecía eterno. Pensé que perdería a mi padre, mi héroe. Mientras esto sucedía, la gente intentaba consolarme diciéndome que todo iba a estar bien;

Solo quería ver a mi padre. El conductor del autobús finalmente se dio la vuelta. Cuando regresamos al lugar del robo, para mi gran alivio, encontré a mi padre ileso. Esta vez, entró en el autobús sin ningún problema; sin embargo, la marca de ese incidente todavía permanece en mi mente.

Otro día, muy temprano en la mañana, mi padre comenzó a llorar y gritar desconsoladamente. Mi madre también estaba triste, cuando me enteré de que mi padrino, José Luis Escobar, había sido asesinado. Era una persona muy especial para mí porque siempre asistía a mis fiestas de cumpleaños, me traía regalos y me trataba como si fuera su propio hijo; No podía creer lo que había pasado. Su caso fue noticia en toda la ciudad. Me entristecí aún más cuando me enteré de los detalles de lo que había sucedido. Según la esposa de mi padrino, que fue testigo de primera mano de lo que había ocurrido, mientras un ladrón intentaba robarle la cartera, se resistió, por lo que el ladrón lo ejecutó tirándole siete balazos.

Todavía tengo imágenes mentales de estos incidentes y de cómo los equipos médicos y forenses limpiaron charcos de sangre con una fregona conocida en Venezuela como coleto. La persona que cometió este acto de violencia aún no ha sido arrestada. Le quitó la oportunidad a una hija de estar con su padre, así como la oportunidad de una esposa de continuar su vida con su esposo, todo por unos pocos bolívares.

Las profundidades de la crueldad humana son demasiado familiares para mí. He vivido eventos aterradores y desafortunados, incluso a una edad muy temprana.

El Tema del Día en Venezuela: La Política

Aunque era un niño, recuerdo que el tema de cada día siempre fue la política. La política siempre ha sido un tema central entre los venezolanos, especialmente en mi familia. Sin embargo, cuando surgieron estos temas, a menudo eran una fuente de controversia, incluso entre las familias. Estos eran desacuerdos saludables y a veces un poco divertidos. La gente decía: "¡Yo soy Adeco! " y "¡Soy Copeyano hasta la muerte! AD y COPEI fueron los principales partidos políticos en Venezuela. Mi padre, casi todos los domingos en el camino de regreso de la casa de mi abuelo en el estado Miranda, discutía temas políticos en el automóvil. Nunca olvidaré el auto de mi abuelo, que era un viejo Cadillac beige, donde aprendí un poco sobre el clima sociopolítico del país. Además de esto, todos los domingos, en lugar de dibujos animados, veíamos aburridos programas de televisión con un periodista llamado José Vicente Rangel. Siempre hablaba de temas políticos. Básicamente, la política en nuestra familia estaba incluso en la sopa, por así decirlo.

Venezuela, hace más de 20 años, ciertamente no era un país perfecto, pero todavía había oportunidades para muchas personas. Hoy en día, ni siquiera es la sombra de lo que solía ser. Mi padre suele referirse a esa época como "Venezuela rica" que, entre otras cosas, tenía muchas de las características que generalmente describen a los países del primer mundo: facilidad para obtener suministros, alimentos, gobiernos que protegen y salvaguardan las instituciones y los derechos humanos, respeto a la democracia, incluidas elecciones generalmente justas, y protección de la libertad de expresión y el periodismo. Aun así, me dijo mí padre siempre hubo una creciente percepción de corrupción gubernamental y una mayor inseguridad causada por el aumento de las tasas de criminalidad, la inflación y la delincuencia. Pronto, el surgimiento de un gobierno socialista obligaría a muchas familias en Venezuela, incluida la mía, a cuestionar su futuro en este país.

Venezuela es un país hermoso, y aunque líderes corruptos y autoritarios, como el gobierno socialista de Nicolás Maduro, lamentablemente lo han gobernado últimamente, eso no define a esta gran nación. Venezuela no solo es querida por sus hermosos paisajes naturales e interesante cultura, sino también por la calidad de su gente y el valor histórico que mantiene en toda América Latina. Tengo fe y certeza de que esto no será para siempre y que Venezuela podrá recuperar su libertad.

El comunismo se mueve sin previo aviso

Cuando aún era un niño, mi familia y yo vivíamos en los alrededores del Palacio Presidencial de Venezuela, conocido popularmente como Palacio de Miraflores. Era el lugar de reunión tradicional de los presidentes y sus respectivos ministros. También fue el mismo lugar donde el joven y carismático teniente coronel Hugo Rafael Chávez Frías quiso derrocar al gobierno legítimo del entonces señor Carlos Andrés Pérez. Como bien se describió en la introducción de este libro, recuerdo que muy tarde en la noche, hasta temprano en la mañana, se escucharon disparos y explosiones fuera del apartamento.

El golpe de Estado contra la nación venezolana se estaba perpetrando a la vista de toda mi familia, causando la pérdida innecesaria de muchas vidas inocentes, así como muchos daños materiales y económicos. Chávez sería capturado y encarcelado por el gobierno del expresidente, el Señor Carlos Andrés Pérez. Más tarde, el nuevo presidente elegido democráticamente, el Dr. Rafael Caldera, terminaría liberándolo e indultándolo, creando así las condiciones en las que el entonces comandante rebelde Hugo Chávez se postularía para la presidencia. Nunca olvidaré cómo, al día siguiente del intento de golpe, fuimos al Palacio de Miraflores solo para ver las barreras del palacio presidencial derribadas y llenas de agujeros de bala.

Ya habían pasado seis años desde aquel fatídico 4 de febrero de 1992, donde se intentó un golpe militar contra el gobierno y la democracia. Se acercaban las elecciones presidenciales venezolanas de 1998. Mucha gente quería ver un cambio radical en Venezuela, especialmente debido a la corrupción, la inseguridad pública, el deterioro de los servicios públicos, la inflación general, y lo creas o no, Chávez era la opción perfecta para muchos. Lo que vieron en Chávez fue que era carismático y un hombre "del pueblo" que atraía a las masas. Vendió su imagen de salvador del pueblo, militante contra la corrupción y Robin Hood de los necesitados e infravalorados. En resumen, era el presidente perfecto. Su principal oponente en las elecciones fue una rubia ex reina de belleza, Irene Sáez, quien, para muchos, fue el símbolo de la burguesía y la corrupción en el país. En resumen, ella no era "del pueblo".

La persona que dijo "las cosas como son", que rechazó la corrupción y que entusiasmó a las masas como pocos presidentes lo hicieron en Venezuela, fue Chávez. Sin embargo, Chávez no solo fue la persona que hizo que los soldados y las personas inocentes perdieran la vida innecesariamente, sino que también fue la persona que anteriormente habló de la grandeza del sistema comunista de Cuba e incluso viajó a ese país para elogiar a los líderes comunistas. Entre los que elogió fue al propio dictador Fidel Castro. Una de las tonterías que dijo en un discurso fue que los jóvenes latinoamericanos, incluso si no han estado físicamente en Cuba, han "visitado" Cuba en sus "sueños" como fuente de inspiración revolucionaria y como inspiración para el sistema comunista.

Venezuela ya estaba harta de la corrupción, la falta de seguridad y el deterioro de los servicios públicos, por lo que muchos pusieron su fe y esperanza en el carácter de Hugo Chávez como un Mesías que sería el redentor del país. Chávez había ganado la Presidencia.

Mis padres, al principio, como muchos venezolanos, creyeron las promesas de Chávez. Sin embargo, poco a poco, la verdad de su personaje fue revelada. La corrupción continuó, las noticias ya mostraban que el gobierno comenzó a reprimir a las personas que no apoyaban al gobierno. Previendo lo que iba a pasar en Venezuela y sabiendo en ese momento por lo que estaba pasando el país, mis padres pusieron sus ojos en los Estados Unidos.

Fue en aquellos tiempos cuando hablaban de la posibilidad de buscar un futuro mejor para mí y mis hermanos. Querían una vida para nosotros donde la educación fuera la norma para un futuro mejor y no a través de las promesas y mentiras de partidos políticos. Creo que debe haber sido una decisión muy difícil porque, a diferencia de muchas personas que decidieron emigrar a los Estados Unidos por necesidad, mis padres, aunque no eran ricos, tenían lo que necesitaban para vivir una vida relativamente tranquila y próspera. Desde entonces, Estados Unidos se convirtió en un horizonte al que mi familia podía llegar. Sin embargo, la decisión de inmigrar aún no estaba clara.

De hecho, emigrar a los Estados Unidos en ese momento, hace más de 20 años, no era algo que la gente en Venezuela normalmente hacía. Por lo general, no había tal necesidad. Durante un tiempo, los venezolanos fueron apodados "los balseros del aire" ya que comúnmente viajaban en avión a los Estados Unidos para disfrutar de un viaje turístico con sus familias o para comprar en los Estados Unidos productos que luego se vendían en el país. Muchos venezolanos eventualmente comenzaron a considerar el objetivo de lograr el sueño americano, incluyendo a mi propia familia. Nuestro primer viaje a los Estados Unidos no fue una decisión que se tomó de la noche a la mañana.

CAPÍTULO 2

Nuevos Ángeles en el Cielo

A finales de los años 90, mi madre cuidó de su padre, Guillermo Mendoza. Era un hombre alto, fuerte, amable y trabajador. Era un creyente devoto en Dios que asistía a la iglesia regularmente. En sus últimos años, quedó en estado vegetativo debido a varias complicaciones médicas. Mi madre, que ya tenía muchas responsabilidades con su propia familia, tuvo que asumir la responsabilidad exclusiva de cuidar a mi abuelo enfermo cuando su familia le dio la espalda.

Este hombre fuerte que una vez fue el protector de mi madre estaba postrado en cama, incapaz de hablar. Poco a poco, se estaba debilitando. Tuvo un derrame cerebral, y aunque contó con el apoyo de todos nosotros, así como el de los médicos y enfermeras, su condición estaba empeorando. Con el paso del tiempo, tuvo una recuperación milagrosa en el hospital, por lo que mis padres, con autorización médica, decidieron trasladarlo a nuestra casa. El parecía muy feliz por lo que se podía discernir en su rostro. La propia familia de mi madre la criticó por esta decisión, pero rara vez hicieron algo para ayudarla a mantener saludable a mi abuelo.

Mi abuelo comenzó a someterse a su tratamiento en nuestra casa. Estábamos encantados de que su salud fuera monitoreada constantemente por un personal de rehabilitación profesional. Lentamente comenzó a mejorar , recuperando el movimiento en sus manos y pies, que antes estaban paralizados. Inesperadamente, otro derrame cerebral interno devastó su cerebro, por lo que mis padres tuvieron que trasladarlo en ambulancia al hospital. Unos días después de su traslado, mis hermanos y yo lo visitamos para llevar artículos de tocador y otras necesidades. Cuando regresamos a casa, mi padre recibió una llamada notificándole que mi abuelo había muerto. Lo que siguió fue mucho sufrimiento para mi familia, especialmente para mi madre, porque su héroe, mi amado abuelo, se había ido al cielo. Poco después, mi abuela Amelia, su esposa, también falleció. Ella se parecía a su esposo, ya que era una persona noble y dulce que siempre nos trataba con amor. Ella fue influyente en mi infancia, así que la extrañaba mucho. Los graves problemas de salud y la ausencia de mi abuelo, la afectaron hasta un punto en el que no podía continuar en esta tierra. Sé que tanto ella como mi abuelo están en un lugar mejor, con Dios, sin enfermedad ni tristeza, y sé que algún día los volveremos a ver.

Viaje de prueba a los Estados Unidos

Mi madre, que no era muy viajera, quería dejar atrás la pérdida de mis abuelos y comenzar un nuevo capítulo en nuestras vidas. Como toda una heroína, y la primera en nuestra familia en llegar a territorio americano, mi madre hizo un viaje a los Estados Unidos; esta fue la primera vez que uno de los miembros de nuestra familia fue a América del Norte. Mi madre tenía algunos primos lejanos que vivían en los Estados Unidos, y juntos, se embarcaron en un viaje por carretera de varios días a Utah.

En ese momento, mi padre, mis hermanos y yo nos quedábamos en nuestro apartamento en Caracas, donde nos comunicábamos con mi madre ocasionalmente. Ella nos dijo lo increíble y diferente que era Estados Unidos. Nos habló de inviernos duros, hermosas ciudades desconocidas y culturas diferentes, pero interesantes. Dijo que la mayoría de las personas que conoció eran amables; sin embargo, otros la miraban a ella y a sus primos con curiosidad.

Aunque fue solo su primer viaje a los Estados Unidos, pudo visitar y experimentar muchas ciudades y estados. Aunque su viaje fue principalmente por turismo, mi madre averiguó formas de posiblemente poder obtener una permanencia legal en América. Desafortunadamente, lo que inicialmente parecía ser un proceso fácil se convirtió en algo costoso y complicado. Era diferente a todo lo que le habían dicho antes de venir.

Su soledad y estar lejos de sus hijos la hicieron decidir regresar a Venezuela. Supuestamente, si ella hubiera pagado más dinero y quedado en los Estados Unidos más tiempo, entonces habría habido una posibilidad de que se le proporcionara un permiso de trabajo y tal vez una estadía legal. Con sus esperanzas de un futuro mejor, mi madre fue víctima del primer fraude legal que experimentó mi familia. No sé mucho sobre los detalles de esta desafortunada experiencia, pero lo que si recuerdo es que mi madre me dijo que alguien que se presentaba como asistente legal se ofreció a ayudarla a obtener un documento de autorización de trabajo legal por un alto precio. Ella pagó parte del dinero que el asistente solicitó, pero luego el asistente legal le notificó que el plazo para recibir este documento iba a ser mucho más largo. Mi madre finalmente descubrió que ni siquiera era elegible para solicitar un permiso de trabajo para empezar. A pesar de la desalentadora experiencia, ella todavía estaba decidida a buscar un futuro mejor para nuestra familia.

Cuando llegó a casa, ¡recuerdo lo felices que estábamos sabiendo que mamá había vuelto! Nos trajo bolsas de regalos y dulces que había comprado en los Estados Unidos. Nos sentimos muy afortunados porque, aunque no pudo alcanzar el estatus permanente que le habían prometido, trajo sus historias, claridad y esperanza a casa.

Viaje al Reino Mágico

Por lo general, los turistas visitan los parques temáticos de Disney World en Orlando, Florida, cuando viajan a los Estados Unidos. Nunca imaginamos que podríamos visitar porque, en nuestra mente, solo los ricos o famosos podrían permitirse un viaje a un lugar tan mágico. Sin embargo, después del viaje de mi madre a varios Estados Unidos, y la pérdida de mis abuelos, había un sentimiento de esperanza para un nuevo comienzo. Queríamos dejar atrás el triste y trágico pasado en favor de un nuevo comienzo. Nada marcó mejor este nuevo comienzo que un viaje de varios días a los diversos parques de diversiones en Orlando. Visitamos Disney World y Universal Studios;

fue literalmente mágico. Estos viajes abrieron nuestra imaginación como familia.

Empezamos a sentir que un futuro mejor era posible, y aunque aún no conocíamos la ciudad lo suficientemente bien como para tomar esa determinación, con el tiempo nos convencimos de que el cambio era bueno y necesario. Mis padres se sorprendieron con la forma en que funcionaba el país; estaba tan organizado. Las ciudades estaban limpias y ordenadas, y la gente era amable. Mi padre nos enseñó que esta sociedad tenía instituciones que salvaguardarían nuestra democracia y derechos humanos. También nos enseñó que cualquiera que quisiera alcanzar sus sueños podía alcanzarlos aquí, independientemente de sus antecedentes u otras limitaciones. En definitiva, aunque no es un lugar perfecto, era un cambio que necesitábamos cada día más. Casi se sentía como el destino.

Intento fallido de inmigrar a los Estados Unidos

Al final de nuestro viaje a Orlando, mis padres tomaron una decisión que transformó completamente nuestras vidas. Nos dijeron: "¡Nos quedamos en los Estados Unidos! "No sabíamos lo que nos deparaba el futuro, pero sabíamos que queríamos quedarnos. Para mi familia, los Estados Unidos representaba una tierra donde todo era posible. Estaba claro que la realidad de implementar un sistema socialista, como lo que estaba sucediendo en Venezuela, no era como lo que se estaba prometiendo. Mientras estábamos en Orlando, algunas casas en venta llamaron la atención de mi madre. Ella decidió investigar más y descubrió lo fácil que eran de adquirir; ¡Casas modernas y lujosas, con piscina y todas las comodidades que puedas imaginar a un precio bajo! Todo se veía increíble y lo más importante que notamos, incluyéndome a mí mismo y a una edad tan temprana, fue la seguridad que sentíamos en este país. Pronto,se dieron cuenta de que simplemente no podíamos quedarnos, porque quedarnos en los Estados Unidos solo nos metería en problemas con inmigración. Además, tenían muchos problemas sin resolver en Venezuela. Entonces tuvimos que regresar y esperar a que se presentara una mejor oportunidad. Aunque finalmente decidimos regresar a Venezuela, nos dimos cuenta de que emigrar a los Estados Unidos, no iba a ser solo una opción, sino que se convertiría en la única opción para nosotros.

En Venezuela, vimos cómo se estaba implementando el socialismo. Muche gente en Venezuela inicialmente creyó en Chávez, pero lo que terminó sucediendo fue lo contrario de lo que esperaban. El mismo "líder" que dijo que no iba a atacar a las empresas privadas comenzó a nacionalizarlas. Recuerdo claramente el día en que el ejército del gobierno de Chávez estaba incautando una compañía de bebidas llamada "Empresa Polar". Los militares comenzaron a abrir cajas y a ingresar a las oficinas de la planta y sus almacenes sin la debida autorización. Mientras que uno de los militares estaba siendo entrevistado, éste eructó en voz alta. Hizo esto en una entrevista de televisión nacional mientras bebía una bebida. No sé si era una cerveza o un refresco. Este acto simbolizaba cómo se sentían los socialistas acerca de sus acciones, y cuánto se preocupaban por la opinión pública. Nos demostraron que pensaban que eran invencibles y superiores.

El gobierno de Venezuela comenzó entonces a robar dinero y propiedades del sector privado sin importarle nada... mis padres temía por nuestra seguridad y por todas las cosas que estaban sucediendo lentamente en el país. Después de varios incidentes, decidimos que nuestro tiempo en Venezuela tenía que llegar a su fin. La inestabilidad económica, social y política, y nuestros problemas personales, combinados con el conocimiento de un futuro mejor en otros países, empujaron a mi familia a tomar la decisión de dejar todo atrás e ir al norte para buscar un futuro mejor. Este fue el mismo camino que miles de personas han tomado; ahora era el turno de mi familia. Fue con tristeza que dejamos nuestro país natal, pero todavía teníamos emoción y anticipación por una nueva vida en los Estados Unidos. No sabíamos los altibajos que nos esperarían en un nuevo país, pero en ese momento, no nos importó.

La gran decisión

Llegamos a los Estados Unidos, dejando la represión política que muchas personas fuera de Venezuela no conocían. A diferencia de hoy, en el año 2000, no era común escuchar que los venezolanos eran víctimas de persecución política. Sin embargo, eso era una realidad para muchos venezolanos, incluida mi propia familia. Era una situación desconocida para las autoridades de inmigración en los Estados Unidos y el mundo entero. Lamentablemente, a lo largo de los años, esta realidad es algo que prácticamente todas las naciones, incluyendo los Estados Unidos y diferentes organizaciones de derechos humanos, reconocen.

Después de algún tiempo, decidimos buscar y solicitar refugio en los Estados Unidos después de que el régimen socialista comenzara a atacar a aquellos que no estaban a favor de la "revolución". Solicitar asilo nos dio la oportunidad de estar protegidos y tener la oportunidad de trabajar y vivir en los Estados Unidos. Durante el proceso, se nos condicionó a que tendríamos una entrevista de inmigración para poder probar nuestro caso en el futuro. No conocía todos los detalles sobre nuestro caso porque todavía era joven, pero mis padres sí. Sin embargo, incluso estando en este proceso legal, no impidió que mi familia viviera indocumentada durante mucho tiempo en los Estados Unidos. Durante un tiempo, logramos obtener el estatus discrecional debido a una solicitud de asilo que a veces precede a la inmigración legal. No conocía todos los detalles de nuestro caso porque todavía era joven en ese momento y no entendía muy bien el proceso o las implicaciones.

Mientras nos alojábamos en la casa de una amiga de mi madre en Miami, Florida, comenzamos nuestra vida en los Estados Unidos. Miami, a diferencia de muchas ciudades del país, es una ciudad predominantemente hispana. Creo que este hecho nos ayudó a adaptarnos, ya que el cambio en la cultura y el idioma no fue tan abrupto como lo habría sido en otras áreas. Si bien la integración del idioma fue fácil, todavía no podíamos ni imaginar el resto de las situaciones por las que tendríamos que pasar y los sacrificios que tendríamos que hacer para lograr el éxito en los Estados Unidos. Estaba convencido de que sólo Dios y el tiempo nos ayudarían a superar cualquier circunstancia u obstáculo que viniera en nuestro futuro.

CAPÍTULO 3

Nuevos comienzos en los Estados Unidos

Mientras trabajaba en los Estados Unidos, mis padres limpiaban baños públicos y ganaban menos del salario mínimo. Trabajaban en turnos nocturnos de gasolineras y caminaban kilómetros para trabajar a diario. Sin embargo, esto fue solo una pequeña parte de lo que experimentaron mientras trabajaban como inmigrantes indocumentados. Nuestra vida diaria en los Estados Unidos era diferente a nuestra experiencia en los parques de atracciones. Mis padres tuvieron que olvidarse de sus títulos, beneficios de jubilación, propiedades y buenos trabajos en Venezuela, en favor de un futuro mejor para sus hijos. Aunque no creo que esperaran que la vida fuera tan diferente y dura en los Estados Unidos.

Mis padres necesitaban conseguir trabajos donde no se les pidiera documentación de inmigración; esto se hizo por razones obvias. Mi madre pudo conseguir un trabajo limpiando casas mientras que mi padre se las arregló para trabajar en la construcción. Finalmente, se quedaron sin trabajo y no pudimos pagar el lugar donde vivíamos. Apenas tenía suficiente para comer y tenía que sacar de los pequeños ahorros que habíamos traído de Venezuela. Nosotros literalmente terminamos en la calle. Sentimos un inmenso vacío y aislamiento sin el apoyo de familiares o amigos que nos pudieran ayudar.

El tiempo pasó y nuestra desesperación aumentó, hasta que una noche, a mi padre se le ocurrió la idea de revisar las Páginas Amarillas, un directorio impreso que contenía una lista de contactos de todos los negocios locales organizados por categoría. Hay que tener en cuenta que hace 22 años, el uso de las redes sociales y los buscadores en línea para solicitar empleos aún era muy novedoso y avanzado. Mi padre inmediatamente comenzó a llamar a todas las empresas de la zona para solicitar trabajo. Principalmente preguntó sobre trabajos de limpieza. No obtuvo respuestas, hasta que finalmente, contactó a un hombre que contrató a mis padres para limpiar incluso sin tener documentos de inmigración válidos. Mis padres trabajaban en varios lugares. Limpiarían supermercados, almacenes, clínicas, oficinas veterinarias, bancos, aeropuertos, restaurantes y sitios recreativos. En resumen, proporcionaron limpiezas generales para casi cualquier edificio comercial o tienda. Estas actividades se realizaron simultáneamente desde el atardecer hasta el amanecer del día siguiente.

"¡Conseguimos un trabajo!", gritaban mis padres, agradeciendo a Dios por este milagro. Sin embargo, el ingreso que obtenían era muy poco, solo un total de $ 360 por semana. Debido a esto, nuestra situación financiera seguía siendo insostenible. Recuerdo un lugar donde limpiaba en muchas ocasiones para ayudar a mis padres en mi tiempo libre. Era una empresa de tractores donde trabajaban trabajadores de la construcción. Ese lugar siempre estaba sucio, incluso repulsivo en algunas áreas, pero estábamos agradecidos de tener trabajos y nunca cuestionamos lo que teníamos que hacer. Mis padres lucharon mucho para salir adelante, y en ese momento, parecía que todo era en vano.

11 de septiembre impacto en la inmigración y el empleo

En ese momento, cuando cualquier persona llegaba legalmente a los Estados Unidos, tenía el privilegio de obtener una licencia de conducir estatal casi sin requisitos, solo tenía que pasar las pruebas de manejo. Incluso podría comprar o alquilar un automóvil con su licencia de conducir. Aun si la persona ingresaba ilegalmente, aún podía conducir y renovar el registro del vehículo cada año, siempre y cuando la licencia de conducir no expirara. Esto fue posible porque las autoridades de transporte no compartían información con las autoridades de inmigración. Sin embargo, todo esto terminó en el fatídico día del martes, 11 de septiembre del 2001, cuando extremistas islámicos militantes llevaron a cabo ataques terroristas suicidas coordinados en contra de los Estados Unidos. Antes de esa fecha, mis padres pudieron trabajar y conducir sin documentación, a pesar de que se quedaron más tiempo de su visa y no tenían el estatus legal adecuado.

A los dueños de los negocios de limpieza no les importaba aceptar trabajadores indocumentados como nosotros porque nos dejarían las tareas indeseables para completar. Aunque no pagaban mucho, la mayoría de los propietarios de estas empresas eran muy estrictos. Querían que las tareas se realizaran meticulosamente. Mis padres hicieron esto durante varios años, y aunque el nivel de trabajo aumentó, el salario siguió siendo el mismo.

Recuerdo que se quejaban de que este gerente hispano e inmigrante que solo les pagaba un salario por el trabajo de los dos; porque en ese momento mis padres no tenían permiso de trabajo. Sin permisos, se veían obligados a trabajar y aceptar prácticamente cualquier pago que su jefe les diera. Ellos se sintieron impotentes sabiendo por un momento que no tenían estatus y por lo tanto, en sus mentes, aceptaron que no tenían derechos. (En nuestro Manual de inmigración, "La pequeña guía práctica para inmigrantes", discutimos los recursos que los inmigrantes, incluso los inmigrantes indocumentados, tienen para prevenir el fraude laboral y cómo denunciarlo si usted es una víctima).

Nuestras finanzas personales todavía están en picada, y mis padres estaban devastados y preocupados por los ataques terroristas del 11 de septiembre en la ciudad de Nueva York. Recuerdo que dijeron: "Mi Dios, ¿qué va a pasar ahora?" La economía del país más rico del mundo comenzó a desmoronarse debido a estos ataques. En ese momento, Estados Unidos estaba bajo el liderazgo del presidente George W. Bush, y mis hermanos y yo estábamos en la escuela ese día viendo la televisión, completamente asombrados por lo que estaba sucediendo en Nueva York. Todas las fronteras del país fueron cerradas inmediatamente como medida de protección. Esto sucedió en tierra, mar y aire.

Después de los ataques del 11 de septiembre , el sistema de inmigración de los Estados Unidos reaccionó a la necesidad de salvaguardar su seguridad nacional. Se apretaron las leyes de inmigración y se colocaron barreras en todas las fronteras, así que puedes imaginar lo difícil que fue este momento para mi familia. Vivíamos aquí ilegales e indocumentados. Prácticamente vivíamos en la calle, sin saber si seríamos capaces de sobrevivir. Mis padres se preguntaban: "¿Cómo lograremos salir adelante?" y esperaban que ocurriera un milagro. Después de los ataques en Nueva York, la administración Bush, junto con el Congreso, introdujo grandes cambios en el Servicio de Inmigración y Naturalización (INS). Ellos reemplazaron al INS con el Departamento de Seguridad Nacional (DHS) después de que recibieran duras críticas por otorgarles extensiones de visa a los terroristas que participaron en los ataques. Estas eran visas legítimas que nunca deberían haber sido otorgadas. El DHS comenzó, a partir de ese momento, a hacerse cargo de asuntos relacionados con la inmigración como aduanas, protección fronteriza, ciudadanía, servicios de inmigración y control y "detención de inmigrantes ilegales".

Fue un momento en que las autoridades de inmigración aumentaron sus esfuerzos para detener a los inmigrantes indocumentados, y las leyes de asilo y deportación se endurecieron. En resumen, toda nuestra situación financiera y migratoria empeoró. Casi todas las empresas que fueron atendidas por nuestro servicio de limpieza y servicio de entrega de alimentos para pasajeros de aviones estaban estacionadas en las pistas con sus luces apagadas, en total oscuridad, solo iluminadas por faros. Los vuelos quedaron en tierra en Miami porque no estaban autorizados por el gobierno para despegar debido a la emergencia nacional.

Si bien la empresa de distribución de alimentos para pasajeros cerró sus puertas por razones obvias, esta situación nos dejó nuevamente sin trabajo ni ingresos, y para entonces, teníamos cuatro meses de retraso en los pagos de la casa, según mi madre. Solo teníamos una semana para pagar o de lo contrario tendríamos que mudarnos de casa y terminar en la calle. Era la última oportunidad que teníamos para ponernos al día con la compañía hipotecaria. Nos dieron hasta el lunes siguiente para pagar.

Estábamos en una carrera contra el reloj, y vi a mis padres angustiados con lágrimas en los ojos, caminando de habitación en habitación. Me preguntaba si Dios nos estaba probando. Pensé: "¿Es que Dios nos está probando sobre cómo resolver este gran problema en medio de una gran crisis? ¿Podría resolverse por la gracia divina y la determinación de mis padres?"

A pesar de los ataques terroristas, el mercado inmobiliario seguía siendo fuerte y el precio de nuestra casa aumentó considerablemente. A mis padres se les ocurrió la idea de vender la casa. Con el dinero ganado, podíamos pagar la hipoteca que debíamos y podíamos alquilar un apartamento con el resto. Sin embargo, tuvimos una semana para lograrlo. Sin documentos de inmigración, poco dinero y cerca de ser expulsados de nuestra propia casa, vendimos nuestra casa exactamente una hora antes del momento de la ejecución hipotecaria. Un comprador se presentó y decidió pagar el valor total de nuestra casa.

Una simpática joven vió la casa y quedó encantada con ella. Mis padres le dijeron el precio de la casa y la situación en la que estábamos en ese momento. Sorprendentemente, lo primero que hizo la joven fue proporcionarnos los pagos de la hipoteca de la casa para llevarnos al día. Esta fue una sorpresa desagradable para los abogados que querían quedarse con la casa. Por obra de Dios, unos días más tarde, redactamos un acuerdo de venta residencial y luego el comprador cerró el contrato. Poco después de eso, ¡su permiso de trabajo de la oficina de inmigración finalmente llegó! ¿Era esto un milagro? ¡Sí, Dios es magnífico! Todos nos mudamos a un condominio modesto sin más preocupaciones o ansiedades.

Asentado y sobreviviendo

Después de que la casa fuera vendida, mis padres lograron conseguir trabajo en una gasolinera donde también tuve la oportunidad de trabajar. Por años, mis padres y yo trabajamos allí. Conseguir ese trabajo fue toda una hazaña, me dijo mi padre más tarde. Después de años de no ser pagado adecuadamente y sufrir abusos laborales por parte de sus jefes, quiso buscar algo mejor. En medio de su desesperación, recorrió una calle donde había almacenes, talleres mecánicos, gasolineras y tiendas para buscar trabajo. Reunió coraje y visito varias tiendas para encontrar trabajo. Uno a uno, visitó a los diferentes empresarios, y aunque tenía su permiso de trabajo, le dijeron que no. Estuvo buscando casi un día entero cuando finalmente llegó a una tienda propiedad de una familia estadounidense que necesitaba un cajero bilingüe que también pudiera realizar tareas de mantenimiento. Aunque no sabían muy bien inglés, mis padres usaron su inglés básico para persuadir a los propietarios de que les dieran una oportunidad. Les aseguraron que no se arrepentirían.

Y así sucedió, los dueños contrataron a mis padres. Sin embargo, me dijeron que debido a que no sabían muy bien inglés, fueron víctimas de discriminación por parte de los clientes y de los amigos más cercanos de los dueños de la gasolinera. A veces, cuando la gente los escuchaba hablar español, gritaban: "¡Solo inglés! El trabajo consistía en tareas de cajero y asistente. Entre sus tareas estaban limpiar la tienda, organizar refrigeradores y productos, y ayudar a las personas con sus vehículos. Estos trabajos a veces se realizaban bajo el sol caliente y la humedad, así como bajo la lluvia. Estas tareas eran agotadoras, pero no peligrosas. Lo que era peligroso era el trabajo de cajero, ¡y mis padres no sabían lo peligroso que esto iba a ser ! Mi padre trabajaba dos turnos y mi madre trabajaba horas extras para que no solo pudieran pagar todos los gastos de nuestro hogar, sino también para ayudar a pagar nuestra educación después de que nos graduáramos de la escuela secundaria. Como cajero, mi padre a menudo trataba con jóvenes enojados, a quienes se negaba a vender alcohol porque eran menores de edad o carecían de la identificación requerida. A veces ellos querían golpearlo. Muchas veces, tuvo que llamar a la policía, que siempre venía inmediatamente a resolver la situación.

Recuerdo haber escuchado noticias a veces de que los cajeros de las gasolineras habían sido asesinados y temía que pudiera haber sido uno de mis padres, especialmente mi padre, quien trabajaba en los turnos de tarde y medianoche. Estaba aún más asustado porque, en ese momento, mis padres no tenían los recursos para comprar un automóvil y caminaban varias millas para trabajar y regresar a casa. Algunas veces, personas sin escrúpulos arrojaban basura, huevos podridos y gritaban palabrotas a mi padre. Hubo momentos en que los hombres en la calle lo atacaron, e incluso una vez lo golpearon. No importa el costo, él y mi madre siguieron haciendo todo lo posible para sobrevivir.

Los propietarios de esta gasolinera eran una familia estadounidense que tenía mucha influencia en la comunidad. Ellos siempre ayudaron en el trabajo comunitario y fue muy activo en el apoyo financiero a las actividades deportivas escolares en la región. Eran personas muy amables y nobles que trataban de comunicarse con mis padres e incluso les enseñaban inglés. El hecho mismo de que contrataran a mis padres sin que supieran el idioma, a diferencia de sus círculos de amigos y clientes que hablaban inglés con fluidez, fue algo por lo que siempre les estaremos agradecidos. Mis padres compensaron eso siendo excelentes trabajadores y siempre diciendo que sí cuando se necesitaban. A pesar de que mis padres estaban agradecidos por sus trabajos, a menudo se les exigía que trabajaran en días festivos como Navidad, Pascua y Fin de Año.

Por mi parte, no solo tuve la oportunidad de trabajar allí, sino que también trabajé en Subway y McDonald's. En estos lugares, hice un poco de todo, como limpieza, servicio al cliente y preparación de alimentos. El servicio de cliente era algo que había aprendido desde muy joven, aunque no fue fácil. Para aquellos de ustedes que han trabajado en un restaurante de comida rápida, saben lo intenso que puede ser el servicio al cliente, no solo por el trabajo en sí, sino porque a veces deben tratar con personas difíciles. Sin embargo, siempre me recordaban que detrás de las situaciones incómodas y malas, había un ser humano que necesitaba ayuda y, a su manera, quería ser comprendido.

El riguroso trabajo diario, la falta de recursos monetarios y tener que trabajar y estudiar simultáneamente para lograr mis objetivos fue difícil. Estas son lecciones que aprendí no en un bufete de abogados, sino limpiando baños, sirviendo como cajero en gasolineras y preparando sándwiches para el público. Recuerdo que el trabajo no fue fácil, y cada día estaba lleno de desafíos. Hubo momentos en los que tuve que trabajar turnos de medianoche y otras veces que solo había dos personas a cargo de todo el restaurante. A menudo, muchos de los clientes que entraban eran jóvenes bajo la influencia del alcohol. Era difícil atender a la gente porque a veces estaban borrachos, drogados o maldecían. Otras veces pedían comida que no querían pagar. A veces, mientras trabajaba en Subway, me quedaba hasta que todo estuviera limpio.

Creo que las circunstancias en nuestras vidas nos llevan a pasar por situaciones incómodas y difíciles para enseñarnos lecciones, al igual que el entrenador en la película "Karate Kid" o Niño Karateca. Muchas veces, trabajamos en estas situaciones sin entender cómo estos sucesos nos ayudan a desarrollar el carácter y el conocimiento que necesitamos para tener éxito. Quizás, poco a poco, la divina providencia me fue llevando hacia un camino donde podría familiarizarme aún más con la vida y facetas de las familias que en el futuro, tendría la oportunidad de representar. No me anticipé ni remotamente a los desafíos y dificultades que tuve que superar para lograr ese objetivo.

CAPÍTULO 4

Mis años de adolescencia en los Estados Unidos

Qué tienen en común el Departamento de Policía de Miami-Dade, la política, la religión y los raperos como '50 Cent', Ludacris, DMX y Ja Rule? ¡Bueno, mi adolescencia! Mi adolescencia en los Estados Unidos fue especial. Como cualquier joven que acababa de llegar a los Estados Unidos, quería conocer gente y hacer amigos. Los primeros compañeros de clase eran vecinos y algunos compañeros de escuela que, en ese momento, todos tenían algo que ver con el estilo "hip-hop". Este estilo se caracterizó por varios elementos, incluida la música hip-hop o rap, que todos los jóvenes de mi entorno escuchaban, y ropa extremadamente grande y holgada. Los tamaños de camisa eran de 2 a 3 tallas más grandes de lo normal. Dejé que mi cabello creciera hasta convertirlo en afro, y adopté el lenguaje de la cultura.

Como la mayoría de los jóvenes, quería "pertenecer", tener amigos y "ser parte de" algo más grande. Tal vez esta era mi forma de hacer eso, y al mismo tiempo, me gustaba ese sentimiento de pertenencia. Los raperos que escuchaba parecían tener dinero, fama, poder, autoridad e influencia. A mí, esto me pareció muy atractivo. ¡Además, todas las chicas parecían gravitar hacia ellos!

Las primeras palabras que aprendí en inglés vinieron de canciones de rap o hip-hop. Aunque las letras de la música a veces contenían palabras explícitas, el ritmo pegadizo, la cultura interesante y, lo que es más importante, mi deseo de aprender inglés y "pertenecer" me hizo un amante de este estilo de música. Como muchos jóvenes traviesos, aprendí a decir malas palabras que había escuchado de compañeros de clase y vecinos. En resumen, tenía una adolescencia interesante y algo rebelde, pero mi personalidad se moldeó de manera diferente a medida que pasaban los años, y que la realidad del mundo real se hacía más evidente en mi vida.

Por amor a la política

Desde que era muy joven, me interesaba la política. De hecho, cuando era niño, era el tema principal en cada reunión familiar, y eso no cambió cuando llegamos a los Estados Unidos. Siempre me interesó ayudar a mi comunidad y ser parte de hacer una diferencia para el bienestar de mi comunidad. Empecé a muy temprana edad, a interesarme en temas de interés nacional. En mi último año de secundaria, me dieron la oportunidad de participar en una pasantía para el gobierno en la oficina de la excongresista Ileana Ros-Lehtinen. Fue la primera mujer latina en ser elegida como congresista en los Estados Unidos. En su oficina, formé parte de un grupo de asistentes del Congreso que ayudaron a la congresista en diferentes tareas, incluidas actividades y proyectos comunitarios. Aunque el trabajo generalmente consistía en ayudar a los miembros de su personal con tareas administrativas y de oficina, algo que realmente me llamó la atención mientras trabajaba con ella fue lo social y genuina que era. Seguí diciéndome a mí mismo: "¿Cómo puede una persona tratar a tanta gente con amabilidad que los hace sentir como si fueran las personas más importantes en ese momento? "¡ ¡Esto es ciertamente un regalo! Conociendo a tanta gente y siendo una figura pública en la comunidad, ¿cómo fue posible mostrar tanto amor e interés? Esta amabilidad generalmente se reflejaba en conversaciones agradables y abrazos para cada persona con la que entraba en contacto. Su sinceridad y actitud genuina se quedaron conmigo. "Trata a los demás como te gustaría que te trataran". Creo que ella reflejó la esencia de ese dicho ; Como resultado de su comportamiento agradable, me dije a mí mismo que si tuviera la oportunidad, ya sea como líder comunitario, abogado o servidor público, definitivamente la imitaría. Quería ser una persona humilde que se conectara con las personas a las que servía. Entre campañas políticas, reuniones con líderes comunitarios, "coladas" al estilo cubano y horas de asistencia a actividades comunitarias, pude adquirir una experiencia y conocimiento invaluables en política. Sentí que estaba ganando experiencias y conocimientos y que algún día todo se iba a conectar con un propósito.

Conociendo al Dios de lo Imposible

Aunque al principio era algo rebelde en mi adolescencia, a medida que crecía, comencé a hacerme preguntas como: "¿Cuál es mi propósito? ¿Qué me depara el destino? ¿Hay algo mejor? "Cuando eso estaba pasando, mi relación con mi novia de entonces empeoraba cada vez más. Como el destino quiso, ella fue aceptada en una universidad donde yo no podía ir, debido a mi falta de estatus migratorio. Era una universidad que estaba aproximadamente a 500 millas de distancia de donde yo estaba. Iba a ser prácticamente imposible que nos viéramos; la distancia nos hizo terminar nuestra relación. Me sentí muy triste en ese momento, incluso deprimido. Todos mis compañeros de clase se graduaron y fueron aceptados en muchas universidades, algunos incluso planearon asistir a la universidad con sus parejas, logrando sus sueños juntos. Sentí que me habían dejado atrás, y que se suponía que la vida no me daría la felicidad que les había dado a los demás.

Y así, sin documentos y una relación fallida, estaba buscando respuestas. Fue en ese momento que me acerqué a una iglesia donde tan pronto entré, me sentí en paz. Un joven de mi edad me dió la bienvenida e inmediatamente comenzó a presentarme a otras personas. Esto cambió mi vida por completo. Sentí que tenía la respuesta a muchas de mis preguntas. Sabía que Dios, para mí, no era un personaje histórico, sino alguien que, aunque no se ve físicamente, guía mis pasos y me ama. Allí, poco a poco, comencé a saber más sobre la Biblia y Dios, y aprendí a tener una relación con Él. Conocí a muchas personas que se convirtieron en mis amigos y mentores, e incluso a una que se convertiría en mi mejor amiga y esposa. Si bien no pretendo decir que yo era un ser perfecto o que la iglesia era perfecta, puedo decir que Dios usó esa iglesia para ayudarme a convertirme en una mejor persona. Aprendí la importancia de amar a Dios a las personas y a tener fe. Necesitaba fe para lo que vendría en mi vida.

La influencia de la iglesia y los fundamentos bíblicos ha influido, y continúa influyendo, en mi vida. No pretendo ser perfecto; al contrario, como todo el mundo tengo defectos. Trato en la medida de lo que es posible, de imitar el carácter de Jesucristo, que nos exhorta a amar a nuestro prójimo, a perdonar y a asegurar la justicia. De vez en cuando, todavía escucho algo de música hip-hop porque puede ser interesante y pegadiza. También escucho música cristiana urbana, cristiana moderna y góspel. Me parece que es un tipo de música muy feliz con mensajes positivos. Algunos de mis artistas favoritos son Kirk Franklin, Lecrae, Trip Lee, Tedashi, David Crowder, Casting Crowns, Chris Tomlin y Toby Mac, entre otros artistas de estos géneros.

Experiencia con la Policía de Miami-Dade

Antes de poder graduarme de la escuela secundaria, tuve que completar las horas de servicio comunitario. No sabía dónde ni cómo comenzar estas horas comunitarias; sin embargo, uno de mis compañeros de clase me invitó a trabajar con él en el Departamento de Policía del Condado de Miami-Dade. Había estado interesado en el trabajo de la policía desde la infancia, pero nunca pensé que esta sería un área en la que estaría involucrado. Sin embargo, fue una de las experiencias más desafiantes que he tenido en mi vida. Una vez a la semana durante dos años formé parte de los "exploradores de la policía". Esta es una organización de jóvenes voluntarios de la policía, donde conocí a varios compañeros oficiales que más tarde jugaron un papel importante en mi formación en la iglesia. Mientras estaba con los exploradores de la policía, hice ejercicios físicos todas las semanas y luego aprendí sobre el trabajo policial. Logré asistir a dos academias de policía y aprender en profundidad sobre su trabajo; Aprendí sobre medios de comunicación, tácticas de interrogatorio y técnicas de autodefensa sobre cómo detener a un sospechoso de delito.

Una anécdota muy interesante que nunca olvidaré fue cuando formé parte de un "ride-along", o ir en una patrulla, con un policía. Ese día, fui con uno de los policías como copiloto a patrullar un barrio peligroso de la ciudad. El policía me había advertido que el barrio era peligroso, pero me aseguró que todo estaría bien. Me dejó que decidiera si quería ir con él o no. Con algo de preocupación, decidí ir porque mi curiosidad pesaba más que mi miedo. El trabajo consistía en patrullar la zona y detener a las personas en vehículos sospechosos. Cuando llegamos al vecindario que tuvimos que patrullar, no parecía muy seguro. La gente deambulaba por casas mal mantenidas y calles sucias, y la gente nos miraba extrañamente mientras conducíamos. Mientras conducíamos, el policía estaba revisando las placas de los autos desde su computadora portátil y se dio cuenta de que un individuo no solo tenía una placa vencida, sino que también tenía una orden de arresto. Al enterarme de esto, me asusté porque creo que estos encuentros a menudo no terminan bien. Rápidamente comenzamos a seguir al vehículo, que comenzó a acelerar. Entonces, comenzó a disminuir la velocidad; el oficial le dijo al conductor que ingresara a un estacionamiento de un edificio cercano y lo hizo. Como era la primera vez que montaba copiloto, no sabía lo que iba a pasar. De repente, el oficial me dijo "sal y obtén la información del auto, especialmente el número de la placa. "A medida que se acercó al sospechoso, varias personas comenzaron a salir del edificio donde estacionamos. En el coche del sospechoso, había otros individuos. Me sentí asustado, pero traté de actuar normalmente. Fui y escribí la información que el oficial había pedido a pesar de mis manos temblorosas. Sentí que en cualquier momento algo malo podía pasar. Solo el policía estaba armado y su "respaldo" era yo, un joven desarmado que trabajaba por primera vez ayudando a un policía.

Gracias a Dios que todo salió bien ese día. Después de regresar, fuimos a almorzar con otros policías y me sentí muy bien. Aunque había tenido una experiencia inolvidable y quizás algo peligrosa, me hizo apreciar el trabajo que los oficiales de policía hacen a diario. Gracias a este oficial y a todo el equipo de la Policía de Miami-Dade, como el Oficial Andy McManus, la Oficial Darlene y Gina del Comité Comunitario de la Policía de Hammocks pude aprender más sobre esta profesión y lo importante que es el trabajo que hacen para nuestra comunidad.

Influencia de la educación en mi vida

Una ventaja que tuve al aprender el idioma inglés y adaptarme al sistema de aprendizaje en las Escuelas del Condado de Miami-Dade fue un programa para estudiantes internacionales llamado ESOL (Inglés para Estudiantes de Otros Idiomas). ESOL ofrece a los jóvenes extranjeros la oportunidad de aprender inglés desde nuestro idioma nativo. Mis profesores estaban muy dedicados a lo que hacían, y con mucho esfuerzo me enseñaron diferentes materias, así como el idioma inglés.

Una maestra que tuvo una influencia especial en mi vida fue la Sra. Sharon Haynes. Aunque no hablaba español, su trabajo era enseñar inglés a estudiantes extranjeros en la escuela secundaria, que, en mi clase, eran todos hispanos. Además del inglés, enseñó sobre la grandeza de este país, su cultura y, a su manera, nos animó a apreciar esto. Aunque esto, no siempre fue apreciado por mis compañeros de clase, que se burlaban de ella cuando tenían la oportunidad de hacerlo por la forma en que hablaba o se vestía. Lo triste era que muchos no veían más allá de eso y no escuchaban su mensaje y/o entendían su deseo de ayudarlos. Nos hizo un diario semanal sobre varios temas, tales como: ¿qué queríamos ser cuando éramos adultos? ¿Por qué? ¿Podríamos ayudar a los demás? Cada semana, nos invitaba a soñar y pensar más allá de los límites que se nos impusieron, y a escribir sobre los deseos y sueños que teníamos. Para mí, ella siempre fue capaz de motivarme a lograr más a través de esos escritos. Creo que fue una de las maestras que más dió forma a mi vida, y lamento no haberle dicho en ese momento lo agradecido que estaba por todo lo que hizo por mí. Aun cuando mis compañeros fueron irrespetuosos en varias ocasiones con ella, siempre les mostró amor y les enseñó la calidad de ser humano que era. A través de sus acciones y elecciones, retrató al pueblo estadounidense con precisión.

Asistí a la secundaria de Coral Reef High School en Miami, que tenía academias de especialización; elegí la academia legal. Allí tuve la oportunidad de crecer aún más como persona, y aunque todavía era joven, amplié mi interés en temas sociales, gobierno y derecho. Tuve la oportunidad de aprender, hacer amigos y tuve aventuras inocentes, como otros adolescentes. Mientras estaba en la escuela secundaria, también formé parte del equipo de lucha libre de la escuela y asistí a varios campeonatos. Esto fue extremadamente abrumador, pero me enseñó disciplina y a no rendirme a pesar de las circunstancias. Me gustaba el deporte y, de joven, la actividad física era muy valorada. El arduo trabajo de mis maestros y consejeros en Coral Reef siempre fue una parte esencial de mi crecimiento intelectual y mi carácter. Poco a poco, pasé de ser un joven que solo se preocupaba por rapear y tener amigos, a alguien que se preocupaba por los demás y por su bienestar. Paso a paso, el destino permitió que la divina providencia me guiara hacia donde tenía que ir, aunque todavía no sabía por qué. Terminé graduándome entre los diez primeros de la academia legal de mi escuela secundaria, a pesar de que cuando ingresé a mi escuela secundaria como estudiante, aún no hablaba inglés con fluidez y necesitaba pasar más tiempo en un programa de idiomas especial. Eso no me impidió alcanzar mis metas. Aunque siempre pensé que tuve una adolescencia normal, la amenaza de la falta de estatus migratorio legal ya se avecinaba al final de mis años de escuela secundaria.

Mis amigos comenzaron a postularse a prestigiosas universidades y fueron aceptados. También fui aceptado en varias, pero no podía permitirme asistir; desafortunadamente, aunque mis buenas calificaciones me permitieron calificar para varias becas, la falta de un estatus migratorio definido me impidió obtenerlas. La falta de oportunidades de becas significó que tuve que pagar mis estudios de mi propio bolsillo, y las puertas y la oportunidad de seguir adelante comenzaron a cerrarse. Llegó un momento en que pensé que no podría seguir estudiando, pero el que todo lo ve tenía diferentes planes para mi vida.

CAPÍTULO 5

Oportunidades académicas

A dónde voy ahora? Esa es la pregunta que miles de estudiantes inmigrantes indocumentados reflexionan al final de sus años de escuela secundaria. A pesar de tener buenas calificaciones en la escuela secundaria, al postularme a las principales universidades y para obtener becas, se me negaron muchas oportunidades debido a mi estado indocumentado. Para entonces, mi familia ya había perdido su caso en inmigración, pero yo no había perdido mi voluntad de tener éxito.

Indocumentado y joven, pero con un inmenso deseo de prosperar, decidí postularme a becas y universidades de todo Estados Unidos. Algunas me aceptaron, y otras no. Aquellas que me aceptaron tarde o temprano pedian lo inevitable: el estatus migratorio. Fingí estar confundido. Las conversaciones fueron como si: "Oh, perfecto, Sr. Reyes, tenemos su solicitud lista y aprobada. ¡Felicitaciones! Ahora, ¿puede enviarnos una copia de su tarjeta verde o estado de ciudadanía?

A lo que yo diría: "No tengo una, pero tengo un caso de inmigración abierto", es una forma de justificar la falta de documentos clave para mi caso.

Casi siempre respondían: "No es problema, solo envíe la documentación que demuestre que tiene un estatus legal definido en los Estados Unidos, y tan pronto como lo recibamos, procesaremos su solicitud, ¿de acuerdo?"

"Okey", respondía, sabiendo que esta "información" o "documentación" no existía. Seguí intentándolo de todos modos. En ese momento, el programa DACA que más tarde beneficiaría a muchos jóvenes no se había implementado.

Cuando me gradué de la escuela secundaria, me sentí un poco desanimado porque, mientras mis compañeros de clase seguían su propio camino, me quedé atrás. Mi sueño era asistir a una universidad fuera del estado y experimentar lo que era viajar, aprender y sobresalir. En ese momento, Dios me trazó otro camino que me abrió puertas infinitas, tanto educativamente como en otros aspectos de mi vida. La puerta que abrió fue la aceptación como estudiante en Miami-Dade College. Con más de cien mil estudiantes inscritos en el 2021, el Miami Dade College es la institución de educación superior mas grande de los Estados Unidos. Me abrió puertas y me permitió estudiar a bajo costo. También me ayudó a pagar mis estudios, independientemente de mi estatus migratorio. Estudié en dos de sus campus: Kendall y el Campus Norte. Esta universidad ha permitido a los inmigrantes, las minorías y los estudiantes de bajos ingresos la oportunidad de desarrollarse en sus estudios académicos desde los niveles más bajos, como ESOL, hasta matricularse en carreras prometedoras. Mi experiencia en la universidad fue única. En los primeros dos años de mis estudios, tuve la suerte de recibir una beca a pesar de mi falta de estatus migratorio.

Allí, aprendí mucho y pude estudiar el sistema legal y la historia de los Estados Unidos y fortalecer mis habilidades en el debate y la oratoria. También fué allí donde comencé mi carrera activista a favor de las leyes para inmigrantes.

El lema del Miami-Dade College era "La oportunidad lo cambia todo. "Esto era más que un eslogan para mí, era una realidad. De hecho, esto es algo que no solo se puede aplicar a los estudios, ¡sino en todas las áreas de tu vida! Créeme, si le das una oportunidad a alguien que sabes que de otra manera no la tendría, cambiará el mundo de esa persona y, a cambio, cambiará tu mundo. En esos primeros dos años, logré cosas que nunca antes creí que podría. Además de asistir al Colegio de Honores, también fui líder del grupo bíblico de la escuela (llamado Generación Elegida) y el presidente estudiantil de mi universidad. Esto me trajo un sinfín de recuerdos, experiencias y anécdotas que tardarían varios libros en contar, pero, al final, cada uno no solo me ayudó a crecer como persona, sino que también me ayudó a encontrar alegría en ayudar a los demás.

Aunque durante los dos primeros años de universidad tuve la suerte de contar con el apoyo de becas, los años siguientes fueron más duros. Perdí ayuda financiera, y esta pérdida me obligó a ser muy creativo y hacer todo tipo de trabajos para poder pagar mis estudios. Durante un tiempo, trabajé en una gasolinera, donde atendía a todo tipo de clientes . Serviría a familias, ancianos, personas adictas al alcohol, prostitutas, personas sin hogar, celebridades, abogados, médicos y jóvenes adultos . Creo que ese trabajo me enseñó a valorar más a los seres humanos, independientemente de su condición o título. Eso no los definia, y cuando miraba a los ojos de cada persona, veía a una persona, que, como yo, pasaba por alegrías y dificultades en esta vida. Aprendí a humanizarme e identificarme con ellos. Mi trabajo en la gasolinera consistía en limpiar pisos, limpiar inodoros (en una gasolinera era muy común ver basura y heces dentro y fuera del inodoro), y llenar refrigeradores con productos y bebidas. Después de mi trabajo en la gasolinera, tuve muchos otros trabajos. Inicialmente, comencé a trabajar en una iglesia como persona de servicio y limpieza. Trabajé en 'Subway', haciendo sándwiches, y más tarde en McDonald's. Hice todo esto mientras continuaba mis estudios. Sin embargo, estos trabajos no duraron mucho.

Después de que mi permiso de trabajo expiró, no pude mantener mi trabajo. Entré en una depresión porque además de perder mi trabajo, había chocado el auto que había comprado y tuve que deshacerme de él. También había roto con mi novia, que ahora me doy cuenta de que fue una de las mejores cosas que me podrían haber pasado, pero en ese momento estaba muy herido. La combinación de todo lo que estaba sucediendo en mi vida me dejó triste, en decepcionado y deprimido. Me pregunté: "¿No puedo tener una vida normal? ¿No puedo solicitar becas? ¿Quiero salir adelante? ¿Tengo que conformarme? Por qué, si quería trabajar, ¿tenía que perder mi trabajo? Por qué, si quisiera llevar a mi novia al cine, ¿no podía pagar un boleto de cine? ¿Por qué se estaba desmoronando todo en mi vida si lo que quería era salir adelante? Lo que no sabía era que pronto, el destino me mostraría el por qué.

El Vendedor Ambulante

Como no tenía la opción de trabajar en un negocio o tienda, me pregunté: "¿Por qué no hago mi propio negocio?" Pensé que tal vez de esa manera, podría ganar suficiente dinero para pagar mis estudios y salir adelante. Decidí dedicar mi tiempo a vender empanadas. Las empanadas son un plato típico de América del Sur, especialmente en Venezuela, Colombia y Argentina, pero también se consumen en muchos otros países. Después de todo, mi familia siempre me dijo que les gustaba la forma en que cocinaba, y ahora que tenía la necesidad, me dije a mí mismo: "¡Vamos a trabajar!" Primero, comencé con pequeños pedidos de personas que me conocían, y luego fui a la universidad a vender a los estudiantes entre clases. Esto resultó ser una idea extraordinaria. De hecho, una de mis profesoras, con cara de compasión me vió y anunció a los estudiantes que estaba vendiendo empanadas, pero también inesperadamente le dijo a su clase que me ayudaran porque era la única forma de pagar mis estudios. Sé que ella tenía las mejores intenciones, pero fui humillado. Sentí que la gente se compadecía de mí; es una sensación muy desagradable. Esta experiencia fue tan fuerte que decidí dejar de vender las empanadas.

Aunque no sabía por qué tenía que vivir todo eso, ahora creo que Dios usó esa etapa de mi vida para trabajar en mi carácter y aprender el valor del trabajo duro y honesto. Ya no di por sentado la oportunidad de trabajar o la oportunidad de ganarme la vida, y aprendí a no juzgar a los demás y que todo lo que vale la pena requiere sacrificio. Estas experiencias me ayudaron a entender que todo en la vida se lograba luchando por ello. Aunque uno no decide dónde nace y dónde se cría, sí decide su futuro. Uno no puede ahogarse en un baño de lágrimas y lástima por si mismo, en cambio, uno debe estar decidido a lograr sus objetivos. Al igual que un pitbull cuando muerde y se niega a abrir la boca y soltarla, esa es la misma forma en que debemos luchar por nuestro sueño.

Aprendí que a pesar de las situaciones difíciles, cualesquiera que sean, es de suma importancia mantener la motivación y la pasión para lograr nuestros sueños y metas. El sufrimiento a menudo rompe nuestro espíritu o voluntad de perseverar. Sin embargo, el sufrimiento a veces puede armarnos con coraje y persistencia que nos lleva a desarrollar músculos emocionales y espirituales que pueden elevarnos a nuevos niveles. Al final, ya sea limpiando pisos y baños sucios, haciendo sándwiches y empanadas, vendiendo productos o ayudando a las personas a alcanzar el sueño americano, con fe, determinación y sabiduría, cada objetivo es alcanzable. Gracias a Dios, junto con la ayuda de mis padres y mi familia, y con el dinero que gané trabajando, pude recaudar todo el dinero que necesitaba para continuar mis estudios. Sin embargo, no estaba claro para mí cómo iba a poder pagar los miles de dólares en matrícula universitaria.

CAPÍTULO 6

Lo que temía más sucedió

Temprano una mañana, mientras dormía y estaba a punto de despertarme para ir a tomar un examen, mí padre entró en mi habitación. En ese momento, vivíamos en un pequeño apartamento en el suburbio de Kendall en Miami. Parecía muy asustado. Sus manos temblaban y su voz se quebraba mientras decía: "Inmigración está aquí. Inmigración está aquí. Hijo, vinieron. Inmigración, están aquí. Están aquí. Ellos están aquí. Vinieron. Nos van a arrestar. Hasta aquí llegamos. Inmigración..." Su rostro estaba pálido. Sus ojos estaban bien abiertos, luciendo aterrorizados. Seguía repitiendo el hecho de que inmigración estaba en nuestra puerta.

Según mi padre, los agentes de ICE lo interceptaron cuando caminaba hacia nuestro apartamento después de un largo día de trabajo (desde aproximadamente las 3:00 p.m. y las 7:30 a.m.). Uno de los agentes que lo interceptó en el estacionamiento preguntó: "Oye, ¿no crees que debes ser deportado?" a lo que mi padre respondió: "¿Por qué?" El agente, sin mostrar identificación, le dijo a mi padre que era un oficial de inmigración y que necesitaba ir a buscar sus pertenencias, documentos de identificación, y sus hijos porque íbamos a ser detenidos. Mi padre fue adentro del apartamento. Mientras hacía esto, el agente forzó su entrada en nuestra casa sin pedir permiso y sin una orden legal para hacer esto. El oficial continuó repitiendo a mi padre que él y su familia tenían que irse.

Por alguna razón, aunque estaba preocupado, no entré en pánico. Me vestí y luego salí de mi habitación a la sala de estar, donde se sentaron mi padre, uno de mis hermanos y mi perrito Rocky. Antes de ir a la puerta a hablar con los agentes de ICE, pensé que iban a ser como soldados de G.I. Joe. Creo que mi deseo de escapar de la realidad y lidiar con mis preocupaciones me hizo pensar eso, pero estos no eran G.I. Joes. De hecho, estaban vestidos con camisetas y hablaban español. Eran dos personas de aspecto regular con tatuajes y trabajaban para ICE.

Los oficiales insistió en que teníamos que ir con ellos. Mientras el agente nos daba instrucciones para irnos, mi padre estaba buscando algunos documentos de identificación en su cuarto y aprovecho la oportunidad para salir del apartamento y buscar ayuda debido a que en este momento sentía que sus hijos estaban siendo detenidos injustamente. Los agentes, mi hermano y yo estábamos en la sala de estar esperando que mi padre encontrara estos documentos. Pasaron los minutos y los agentes le pidieron a mi padre que se apurara. Después de varios minutos, lo llamaron de nuevo. Cuando no salía de la habitación, me temía lo peor. Pensé que mi padre, que parecía extremadamente asustado y ansioso, podría intentar quitarse la vida por temor a que lo perdiéramos por causa de los agentes de inmigración. Sé cuánto se sacrificaron él y mi madre para llegar a este país y lo duro que trabajaron por un futuro mejor para nosotros. Pensé que mi padre, después de todo ese arduo trabajo y determinación, no iba a soportar la derrota y la humillación de regresar a Venezuela como deportado y para el régimen de Venezuela, como un criminal.

Asustado, no sabía lo que estaba sucediendo. Los agentes sabían que algo estaba pasando y luego me pidieron que intentara que mi padre saliera de la habitación o de lo contrario entrarían por la fuerza. Llamé a mi papá y no me contestó. Le pedí que por favor abriera la puerta de la habitación para los oficiales de inmigración, que estaba cerrada desde adentro. Después de mucho esfuerzo, logre forzar la apertura de la puerta porque no quería que tuvieran un altercado con mi padre.

Mi padre ya no estaba allí puesto que fue a buscar ayuda para salvar a mi hermano y a mi. En ese momento, los agentes de ICE molestos, empezaron a buscar a mi padre.

Esposado en una Camioneta

No sé cómo se siente la gente cuando es secuestrada, y gracias a Dios nunca he sido secuestrado, pero estar en el asiento trasero de esa camioneta esposado, en contra de mi voluntad, me hizo sentir así. El oficial condujo alrededor de la cuadra en busca de mi papá. Proporcionó la descripción de mi padre por la radio, diciendo: "Sí, un hombre con gafas y un bigote con una camisa azul de una gasolinera, de unos cinco pies y medio de altura." El oficial intentó varias veces encontrarlo, pero no pudo. En su desesperación, aceleró y se metió contra la acera.

Siendo honesto, aunque la situación en la que me encontraba en ese momento era muy lamentable, estaba consciente de que ser una buena persona no hace que uno sea inmune a la ley, y si de hecho estaba fuera de estatus legal en ese momento y el la entrada de los agentes a mi domicilio era lícita, entonces la situación en la que me veía envuelto estaba justificada. También soy consciente de que no todos los agentes de inmigración son malas personas o inhumanos. De hecho, creo que la gran mayoría hacen un muy buen trabajo en la protección de los Estados Unidos y su soberanía. Sin embargo, como en todo, hay excepciones. Estas excepciones a menudo le dan a la agencia una mala reputación. Mientras montábamos en la camioneta, esposados con las manos detrás de la espalda, mi hermano y yo estábamos extremadamente preocupados. Visiblemente molesto, el tono del oficial seguía siendo agresivo y exigente; pidió refuerzos y pronto más oficiales llegaron a mi casa.

Gracias a Dios, logré llevar dos pertenencias especiales conmigo: mi biblia y un teléfono celular. La biblia inspiró mi fe y me motivó incluso en la situación por la que estaba pasando. Usé mi teléfono celular para enviar mensajes a todos mis amigos, explicando lo que estaba sucediendo. En solo unos minutos, había varias personas orando por nosotros y haciendo todo lo posible para sacarnos de la situación. Cuando los mensajes de texto comenzaron a llegar, los agentes se dieron cuenta de que me estaba comunicando con la gente. Me pidieron mi teléfono celular, comenzaron a ver los mensajes y me preguntaron: "¿Eres pastor o algo así?" Respondí que creía en Dios, pero no era pastor. Aunque seguían furiosos, a medida que hablaban más con nosotros, los agentes cambiaron su actitud. Incluso mientras pedían refuerzos y rodeaban nuestra casa, uno de los agentes dijo: "Mira, no tenemos nada personal en tu contra, de hecho, nos gustaría ir a buscar delincuentes que no deberían estar en este país. No pareces mala gente, pero las leyes son leyes, y tenemos que hacer nuestro trabajo. Tendrá la oportunidad de tratar de resolver este asunto. Nos dijeron que si "colaborábamos" con ellos, nos ayudarían. Nos recordaron que teníamos todo que perder y pocas posibilidades de ganar si no cooperábamos."

De una manera muy ingeniosa, trataron de obtener información acerca del paradero del resto de mi familia. Después de varios minutos, nos convencieron de que era lo mejor para ayudarlos, así que nos dieron el teléfono celular para que pudiéramos hablar con mi hermano y convencerlo de que se entregara. Sin embargo, cuando escucharon que mi hermano se negó a entregarse, agarraron el teléfono celular y le dijeron: "Mira, queremos ayudarte. El hecho de que tu padre y tu madre estén huyendo no te va a ayudar en absoluto. Esto se va a convertir en una situación muy delicada para ti, así que coopera y solo dime dónde estás". Mi hermano simplemente respondió: "Solo voy a hablar con mi abogado".

CAPÍTULO 7

Fugitivos en una tierra extraña

Resulta que mi otro hermano, el que no estaba con nosotros, estaba trabajando en McDonald's ese día. Comenzó su turno temprano en la mañana, y por esa razón no estaba en la casa en el momento en que llegaron los oficiales. Cuando se enteró de lo que estaba sucediendo, buscó refugio y ayuda legal, al igual que mi madre.

En la misericordia de desconocidos

Mientras todo esto sucedía, el resto de mi familia no solo buscaba un lugar donde refugiarse, sino también ayuda para liberarnos y evitar la deportación. Mi madre cayó en una profunda depresión porque no sabía nuestro paradero ni cómo nos estaban tratando. Mientras tanto, mi hermano y yo estábamos sin comida y solo podíamos beber pequeñas cantidades de agua de vez en cuando. Aunque lo estábamos pasando muy mal, para mis padres, fue peor. Más tarde me dijeron que, después de ese día, no podían dormir ni comer. Se quedaron en casas de extraños, moviéndose constantemente de un lugar a otro porque los propietarios tenían miedo de mezclarse en nuestros problemas de inmigración. Finalmente, un compañero miembro de la iglesia los colocó en una de las casas que habían establecido para personas sin hogar y con problemas mentales. Mi hermano se estaba quedando con amigos durante este tiempo.

Misericordia en medio de la miseria

"Cuando entramos, había un olor repugnante y moho que cubría las paredes y los techos", comentó mi madre tan pronto como llegaron a la casa que les habían preparado otros miembros de la iglesia. La casa estaba extremadamente deteriorada afuera, y mis padres se preguntaban cómo no había sido demolida; sin embargo, este era un lugar seguro para mis padres. Finalmente podrían quedarse en un solo lugar y sentirse un poco más seguros.

Mientras mis padres hacían llamadas a abogados y diferentes grupos que podían ayudarnos, se les hacía muy difícil seguir estando en esta situación aterradora. Fue tan difícil que incluso querían darse por vencidos y entregarse a las autoridades para así, poder reunificarse con mis hermanos y conmigo. La habitación donde se alojaron era pequeña, el colchón no tenía sábanas, los baños estaban llenos de moho y el piso de madera temblaba constantemente. Mi madre me dijo que, con sus nervios, preocupaciones y las condiciones del lugar, no podía comer durante días. Sin embargo, tanto el miembro de la iglesia como uno de los invitados de la casa (habían varios) fueron muy amables con mis padres. Uno de los invitados con una condición mental grave, les trajo pan y café en una bandeja. Con toda la bondad del mundo, e incluso en medio de la miseria, estos actos de caridad tocaron grandemente los corazones de mis padres y del resto de mi familia.

La ayuda nunca pareció llegar

Mientras vivía en el anonimato, mi padre comenzó a llamar a los medios de comunicación y a otras personas con influencia para que nos ayudaran. Las grandes estaciones de habla hispana le decían a mi padre que tenía que ponerse en contacto con un abogado de inmigración porque no podían hacer nada. La mayoría de los abogados con los que mi padre pudo contactar le dijeron que no perdiera su tiempo y dinero porque no tenía ningún caso de inmigración y lo único que podía hacer era esperar una reforma migratoria. Sin dinero ni un futuro seguro, mis padres estaban a punto de tirar la toalla. Sin embargo, ellos no perdieron la fe. Lo que no sabían es que una simple llamada telefónica que hicieron parecía ser la solución que tanto anhelaban. ¿Cambiará nuestra suerte?

CAPÍTULO 8

Mi experiencia como detenido de ICE

Mi hermano y yo fuimos detenidos en un centro de procesamiento llamado Krome Detention Center en Miami. Allí, fuimos procesados por primera vez. Nos llevaron a un área administrativa, donde había varios agentes procesando información y algunas habitaciones con puertas de seguridad que tuvimos que quedarnos atrás mientras nuestra información ingresaba en el sistema. Teníamos hambre, porque entre nuestro arresto, la búsqueda de mi padre y el procesamiento de datos, ya habían pasado varias horas. Los agentes nos dieron una bolsa de almuerzo con un sándwich de jamón y mortadela y un poco de jugo. Nos mantuvieron allí durante varias horas. Aproveché la oportunidad, porque aún tenía mi celular, para enviar mensajes pidiendo ayuda y para dar instrucciones para cuidar a mi mascota.

Después de que mi hermano mayor y yo fuimos procesados, nos trasladaron a una pequeña celda que tenía algunos bancos de cemento unidos a la pared, que era de concreto. Una puerta de metal pesada aseguró la entrada a la celda. También había un pequeño inodoro de metal que estaba conectado a un bebedero de agua de metal. Me dije a mí mismo: "De ninguna manera beberé esa agua", pero después de estar allí durante horas y tener sed, la bebí.

Un rayo de esperanza en la mazmorra

Estando en una cárcel o centro de detención, uno imagina que tal vez, al igual que en los baños públicos que tuve que limpiar durante años, encontraría un sinfín de obscenidades que la gente suele escribir o dibujar en esos lugares. Sin embargo, la celda del centro de detención no era así. De hecho, fue todo lo contrario. En lugar de esas cosas profanas y obscenas, había versículos bíblicos escritos por toda la pared. Mensajes como "Ten fe en Dios" y "Persevera" y "Puedo hacer todas las cosas a través de Cristo que me fortalece" fueron palabras de aliento que me indicaron en ese momento que tal vez un poder sobrenatural estaba en control de mi situación y que tal vez las paredes a mi alrededor iban a desaparecer.

Ya estaba oscureciendo y no sabía a dónde íbamos a ir mi hermano Guillermo y yo. Un rato después, nos trasladaron a otras celdas y luego vinieron unos guardias de seguridad con cadenas en las manos. Comenzaron a encadenarnos los brazos y las piernas junto con otros prisioneros. Mientras me ponía las cadenas, el guardia me dijo: "No pareces un inmigrante ilegal". Tal vez fue por la ropa que todavía llevaba puesta esa mañana, y en comparación con las demás, parecía el más joven del grupo. No sabía lo que iba a pasar ese día, pero seguía esperando que algo bueno iba a suceder. Tarde esa noche, nos dijeron que íbamos a ser trasladados a "un mejor centro de detención" que estaba a una hora de donde estábamos, lo que luego hicieron. Esposado por brazos y piernas, todo el grupo fue transportado al Centro de Transición Broward en Pompano Beach, Florida.

Centro de Procesamiento del Centro de Transición de Broward

El día que nos trasladaron al Centro de Transición de Broward, recuerdo que hacía mucho frío. Si no me equivoco, había un frente frío, y se podía sentir tanto que cuando salimos del Centro de Detención de Krome, podíamos ver nuestro aliento cuando hablábamos o suspirábamos. Al principio, no sabíamos exactamente a dónde íbamos o qué iba a pasar. Estaba preocupado por mis padres y mi otro hermano. También estaba pensando en mi perrito Rocky, ¿quién tenía al perro, que comía o si lo iban a regalar? Pero aún más fuertemente estaba pensando en "¿cuándo me deportarán? ¿a dónde iré? ¿estoy listo para comenzar mi vida desde cero en mi propio país de origen?"

Llegada al Centro de Detención De Transición de Broward

Al llegar a Broward, recuerdo haber pensado que este lugar parecía menos intimidante que Krome. Aunque este lugar tenía barras, parecía más un motel que un centro de detención; era mucho más pequeño, solo un piso, y sus paredes estaban pintadas de rosa. También tenía espacios al aire libre, que Krome no tenía. Más tarde me enteré de que anteriormente, el lugar había sido un motel, y luego lo convirtieron en un centro de detención.

Cuando llegamos, la puerta se abrió y entró la camioneta en la que viajábamos. Nos llevaron a través de un pasillo donde otros detenidos hicieron una conmoción en el momento en que llegamos. Me imagino que querían intimidarnos o divertirnos un poco por la situación. Llegamos a una habitación donde tuvimos que cambiarnos de ropa y ponernos un uniforme de prision color naranja . Tuvimos que poner nuestras pertenencias en una bolsa, y allí puse los pocos artículos que tenía conmigo: la Biblia, mi teléfono celular y mi billetera. Después de cambiarnos, mi hermano y yo, junto con el resto del grupo que llegó con nosotros, fuimos enviados a una gran sala con varios oficiales. Los oficiales nos entrevistaron para su procesamiento, nos dieron información sobre nuestros derechos y los procedimientos por venir. El oficial que me entrevistó, le comenté que algún día me gustaría ocupar un cargo público en los Estados Unidos para servir a la comunidad. Hizo rodar su silla hacia atrás y dijo: "¡Guau! Chico, esas son grandes aspiraciones". No sé por qué le dije eso al oficial, pero en ese momento tenía ganas de hacerlo. Después de ser procesado fui con mi ropa a mi habitación asignada. Mi hermano fue enviado a otra habitación, y allí comenzó nuestra experiencia en el Centro de Transición de Broward.

Vida en el Centro de Detención del Centro de Transición de Broward

Las comidas en Broward eran caóticas. El desayuno se servía a las seis de la mañana, y quien no se levantaba y hacía cola a esa hora no comía. La comida que se servía para el desayuno era básica: algunos carbohidratos, generalmente huevos, salchichas de jamón o pavo, a veces tostadas y café diluido. Las porciones eran pequeñas, así que siempre tenía hambre. A veces estaba tan cansado que simplemente dormía y me saltaba el desayuno. Los almuerzos y cenas proporcionaban las comidas necesarias para sostenernos, pero no era la comida casera que estaba acostumbrado a comer. Mientras estaba de pie en largas filas esperando ser atendido, noté que personas de todo el mundo estaban en el Centro Broward, muchos de los cuales habían tratado de hacer lo mismo que nosotros. Habían haitianos, mexicanos, centroamericanos, árabes, judíos, jamaiquinos, asiáticos, europeos, argentinos, venezolanos, colombianos e hindúes. Todos fueron agrupados según su su nacionalidad.

Dormir era difícil en Broward Transitional Center. ¿Te imaginas estar dormido, solo para ser despertado repentinamente por alguien más durmiendo cerca? Tal vez aquellos que tienen bebés recién nacidos o niños pequeños dirán: "¡Sí, conozco el sentimiento!" Al igual que los padres de un recién nacido que solo duermen de dos a tres horas por noche, también lo hacen los prisioneros en un centro de detención de inmigrantes. La única diferencia es que en lugar de que un dulce bebé te despierte, es un guardia de seguridad o inmigración que abre abruptamente las puertas de tu habitación para contar los prisioneros.

Esto generalmente venía con mucho ruido y luces brillantes durante la noche y la madrugada. Para mí, estos eran más que recuentos, era tortura. La desesperación por dormir era tan grande que muchos detenidos solo dormían por la mañana, porque por la noche era casi imposible hacerlo.

Huellas en la arena

Mientras estaba detenido en Broward, conocí a un pastor colombiano llamado Carlos. Un calvo ex jugador de fútbol colombiano, Carlos era el líder espiritual semioficial del centro de detención. Cuando Carlos solicitó arreglos especiales de los asientos y un equipo de audiovisuales o AV, los guardias llevaban a cabo inmediatamente su solicitud a pesar de que no estaban obligados a hacerlo. Carlos dirigía las oraciones de las 5:00 de la mañana. Las oraciones eran para creyentes y no creyentes. Su predicación atrajo la atención de muchos y trajo un sentimiento especial de esperanza sin igual, a pesar de que estábamos en un centro de detención. Él era el consejero espiritual del lugar. Por lo general, trotaba, jugaba al fútbol y oraba o predicaba. Me acerqué mucho a Carlos, hablábamos de la Biblia e incluso orábamos juntos.

También conocí a otros dos detenidos. Uno era un joven de El Salvador, Juan, y el otro un joven de Brasil. Juan había estado en los Estados Unidos por algún tiempo, pero era indocumentado. Tenía un gran corazón para las personas y para Dios. Era sencillo y siempre compartía la palabra de Dios con las personas. De hecho, me dijo que quería ser pastor algún día y por lo general iba a escuchar el sermón del pastor conmigo. Mi hermano a menudo también nos acompañaba. A veces las oraciones nos hacían comenzar a glorificar a Dios bailando y cantando con una alegría inexplicable, aunque no eran las circunstancias más "alegres" del mundo.

Mi otro compañero, David, era un chico de Brasil. Me dijo que su novia era ciudadana estadounidense y que había ingresado legalmente a los Estados Unidos como turista. Estaba feliz porque sabía que tenía muchas posibilidades de salir libre y arreglar su estatus. Era una persona sin arrestos ni problemas con la policía, y tenía una relación con una ciudadana estadounidense. A pesar de eso, nunca había dado el paso de casarse y arreglar su estatus migratorio, y fue precisamente en esta etapa que inmigración lo arrestó.

Un día, después del sermón de Carlos, Juan y yo empezamos a adorar a Dios como locos en la celda con un CD con música cristiana. Digamos que fue una forma simbólica de regocijarse, incluso en medio de nuestros problemas. En la iglesia evangélica, llamaríamos a esto "un acto profético". Aunque no soy un pastor y estoy lejos de ser una persona perfecta o alguien que afirma tener un vasto conocimiento de Dios, mi crecimiento y forma de pensar han sido un reflejo de mi crecimiento en el evangelio. No pretendo ser "un ángel" sin errores. Mi objetivo es convertirme en una mejor persona para obtener la verdadera aprobación que viene de arriba. En esos momentos, sentí que a pesar de la situación, Dios no me había olvidado. Cuando le pregunté por qué en los momentos más difíciles de mi vida, parecía estar ausente, me recordó que las huellas que vi en la arena de mi vida en los tiempos mas difíciles no eran mías sino las de Él llevándome.

En cada momento, Dios ha estado activo en mi vida, y si lo permites, Él también estará activo en tu vida.

Las Naciones Unidas en un centro de detención

Fue increíble ver la diversidad cultural en el centro de detención. Me sorprendió ver a personas de Europa e Israel, ya que nunca había pensado que también podrían estar sujetas a deportación. También había mucha gente de Asia, Haití, Colombia y Argentina. Cuando nos reunimos para orar temprano en la mañana, fue muy especial ver a los detenidos de Haití, que cantaban, en la parte superior de sus voces, canciones religiosas que eran hermosas. Estaban cantando a Dios, en armonía y en su lengua criolla, y aunque no entendíamos lo que estaban cantando, era un sentimiento muy especial. Todos nos reunimos y oramos a Dios, tanto cristianos y católicos por un lado, como musulmanes y judíos por otro.

Pasatiempos en el Centro de Detención

Durante el día, no había mucho que hacer. Me las arreglé para mantenerme ocupado, a veces hacía ejercicio, a veces me ofrecía como voluntario en la cocina (lo que hice para obtener mejores raciones de comida, ya que con lo que nos daban no se llenaba uno y siempre terminaba con hambre). Los domingos, servía como traductor para un pastor estadounidense que venía al centro de detención para predicar a los detenidos. A veces jugaba al fútbol o hablaba con amigos y mi hermano. Cuando no estaba haciendo algo, descansaba o leía, o a veces me cortaba el pelo. Como todos los detenidos, tuve que lavar mi propia ropa: en el centro de detención había lavaderos, pero teníamos que turnarnos. De alguna manera, logré adaptarme al centro de detención. Aunque sabía que estaba detenido, traté de aprovecharme de esta situación. Traté de reflexionar sobre mi vida y visualizar lo que sucedería si me deportaban o si lograba quedarme. A pesar de las difíciles circunstancias, ese lugar era definitivamente más que una prisión. Era un lugar para buscar respuestas, para hacerse un chequeo espiritual y para pensar en la vida y en lo que sucedería después, porque prácticamente no había otra opción.

Líneas de deportados

Una imagen que nunca olvidaré ocurrió en las primeras horas de la mañana. Desde mi habitación, podía escuchar las voces de la gente afuera. Miré por la ventana y vi a varias personas haciendo fila para ser deportadas; eran hombres con sus trajes de prisionero naranjas, que llevaban una bolsa con sus pertenencias. Iban a ser llevados a otro centro de inmigración para su deportación o directamente a un aeropuerto. Así era como la mayoría de las personas en el centro de transición de Broward se iban, esposadas y deportadas. Fue una escena muy difícil de ver. Sentí que mi deportación, que se sentía como una fecha de ejecución, se acercaba, y que pronto, junto con mi hermano, íbamos a tener la misma mala suerte. Resignado, solo le pedí a Dios que lo que Él había planeado para mí, que Él no me abandonaría a mí ni a mi familia, y que ya sea en los Estados Unidos o en mi país de origen, que sería Su voluntad.

Una señal del cielo

En un día soleado y fresco durante la hora recreativa, mientras otros jugaban baloncesto y fútbol o hacían ejercicio, estaba hablando con unos compañeros cuando de repente un pequeño avión que hace figuras de humo comenzó a volar muy bajo. El sonido de la hélice era tan fuerte que todos comenzaron a mirar al cielo. Después de un tiempo, vemos que el avión estaba empezando a escribir algo en las nubes. Al principio no entendíamos, pero luego quedó claro lo que escribía: "Trust in God" o "Confía en Dios". Todos los que estábamos allí comenzamos a aplaudir de alegría. Fue una señal para todos nosotros, independientemente de nuestras creencias, de que una fuerza mayor que nosotros nos iba a ayudar, incluso en los tiempos difíciles que estábamos atravesando, y que tal vez nuestro tormento pronto llegaría a su fin y que volveríamos con nuestras familias.

CAPÍTULO 9

Mi suerte comenzó a cambiar

Un día nos llamaron a mí y a mi hermano y nos dijeron que unos abogados venían a vernos. "¿A nosotros?" Me pregunté. No habíamos contratado a ningún abogado y no teníamos el dinero para hacerlo, pero sí querían vernos, y me dije: "¿por qué no?" Fue un gran alivio, y aunque mi libertad y la de mi hermano no estaba de ninguna manera asegurada, esa noticia proporcionó un rayo de esperanza.

Los oficiales de inmigración me llevaron a una habitación en la que nunca había estado antes, que era para consultas legales. Me recibió una joven llamada Jessica que estaba haciendo una pasantía para una organización llamada FIAC o Florida Immigration Advocacy Center (más tarde renombrada como Americans for Immigrant Justice, o AI Justice) bajo el liderazgo de su directora Cheryl Little.

Lo primero que Jessica nos dijo fue que nuestra familia estaba bien. También nos dijo que estaban haciendo todo lo posible para sacarnos, y que mucha gente estaba preocupada por nosotros. Ella sugirió que escribiéramos a nuestra familia y les dijéramos cómo estábamos y cualquier solicitud que tuviéramos. Agarré la hoja de papel que Jessica nos dio y escribí una larga carta, asegurándole a mi familia que estábamos bien y dando instrucciones sobre Rocky, ya que sabía que el pobre perrito probablemente estaba muy asustado.

El mundo se vino sobre mí

En una reunión posterior con un oficial de ICE, nuestras esperanzas de poder permanecer en los Estados Unidos casi se hicieron añicos. Nos reunimos con un oficial de deportación con bigotes y cabello largo y rubio rizado que tenía unos 60 años. Aunque de ninguna manera era una persona grosera, fue directo al grano el primer día que habló con nosotros, preguntando: "Después de ser deportado a Caracas, ¿sabes quién puede recogerte? ¿Dónde vives en Caracas?"

Para entonces, había pasado aproximadamente una década sin estar en mi país natal. Desde que llegué a los Estados Unidos cuando era muy joven, no recordaba la dirección donde vivía más de 10 años antes. Sin embargo, mi hermano, que es 4 años mayor que yo, todavía recordaba y le dio la información al oficial. Seguía preguntando: "¿Tienes familia allí? ¿Cuál es su información de contacto?" A eso, mi hermano respondió detalles de los miembros de la familia y direcciones exactas de dónde vivían. Nuestra inminente deportación se estaba convirtiendo en una realidad, y aunque el pasante de AI Justice que nos visitó anteriormente nos dio esperanza, el oficial de deportación hizo lo contrario. Él impartió miedo, preocupación y temor en nuestros corazones, y aunque solo estaba haciendo su trabajo, como inmigrante indocumentado que quería triunfar en este gran país, era difícil procesar y aceptar la derrota.

Aires de cambio

Una noche, mientras hacía ejercicio, se me acercó un grupo de reclusos que me preguntaron: "¿Eres Jesús Reyes?"

"Sí", le dije.

Ellos respondieron: "¡Guau, ya eres famoso! Están haciendo protestas por tu liberación. ¿Has visto las noticias?"

No lo podía creer. "¿Quién está haciendo protestas?" A pesar de que estaba estudiando en Miami-Dade College y era presidente estudiantil, no era una persona muy social y ciertamente no era "famosa".

"Debes ver las noticias esta noche a las 11:00, porque están protestando por tu liberación y la de tu hermano. ¡Estás en todas partes! Estamos felices por ti", me dijeron.

Uno de ellos continuó, y agregó: "Cuando te vayas de aquí, no te olvides de nosotros y de lo que presenciaste aquí".

Estas palabras tocaron mi corazón, ya que vi la tristeza y la desesperación que muchos de ellos tenían y cómo vieron esperanza en mí a pesar de que no tenía el poder de ayudarme a mí mismo. En ese momento, me dije que si lograba salir y ser libre, tenía que hacer algo en nombre de todos esos hombres y mujeres que estaban en estas situaciones difíciles. Aunque estas personas habían violado las leyes de inmigración de los Estados Unidos, no significaba que fueran delincuentes o criminales. Por el contrario, las personas que conocí eran personas educadas que solo querían lo mejor para sus familias y seres queridos, pero no podían salir adelante en sus países de origen, y desafortunadamente, se quedaron en un limbo migratorio.

Ángeles desconocidos

Por la noche, no podía creer lo que vi en las noticias: ¡docenas de personas protestando por mi liberación! Pensé: "¿Por qué querían liberarnos a mi hermano y a mí? "Hasta el día de hoy, no creo que haya hecho nada lo suficientemente extraordinario como para justificar docenas de personas, muchas de las cuales eran extraños, gritando y llorando pidiendo mi liberación y la de mi hermano. Desde que era un niño, no era muy popular. Siempre fui "ese niño" que nadie quería en su equipo y era elegido el último del grupo . Por eso mi pregunta era: "¿Cómo somos mi hermano y yo, jóvenes comunes, los beneficiarios de tal apoyo y afecto? ¿Por qué estamos, sin pagar un centavo, recibiendo ayuda legal de primera clase?"

El pastor de mi iglesia predicó acerca de la gracia de Dios. En uno de sus sermones, enseñó que la gracia es básicamente un don otorgado por Dios que hace que una persona sea "irresistible" a las bendiciones y a las buenas obras. Este regalo no es algo que uno necesariamente gana o puede comprar, sino que es el resultado del libre albedrío de Dios. Mirando mis circunstancias, no tengo mejor manera de explicar lo que me sucedió. Era la gracia divina. No hay otra manera de explicar la suerte que mi hermano y yo tuvimos en ese momento.

Entre las personas que abogaban por nosotros habían varios amigos míos y conocidos, incluyendo el Dr. Eduardo Padrón, ex-presidente del Miami Dade College, la abogada Cheryl Little, mi asesora universitaria Merlene Purkiss, la defensora de derechos pro inmigrantes Gaby Pacheco y varios otros activistas estudiantiles. Sus esfuerzos fueron clave para aumentar la conciencia pública sobre mi caso.

CAPÍTULO 10

Los vientos de cambio se convirtieron en huracán

A medida que pasaban los días, mi hermano y yo seguíamos esperando para saber qué nos iba a pasar. Entre el tiempo que pasaba, las oraciones y mucho tiempo para meditar, me preguntaba qué iba a ser de mi hermano y de mí. Mentiría si dijera que a veces no me preocupaba que tuviéramos que volver, pero la mayor parte del tiempo estaba en paz. Después de conocer el apoyo y la asistencia legal que teníamos, sentí que tal vez, solo tal vez, nuestra suerte cambiaría y podríamos permanecer libremente en los Estados Unidos.

Jessica, la joven pasante de AI Justice, vino a reunirse con nosotros nuevamente. A pesar de que el oficial de inmigración ya estaba prácticamente planeando nuestro viaje de regreso, nos levantó el ánimo y nos aseguró que había mucho apoyo público para nuestro caso, pero aún más, en privado, de personas muy influyentes en la comunidad. Mientras nos reuníamos con ella, un funcionario de inmigración entró en nuestra habitación y habló con ella en privado. Más tarde nos dijo que nuestro caso tenía una posible solución conocida como "acción diferida" y que estaba siendo evaluado por la entonces secretaria del DHS, Janet Napolitano, bajo la directiva del expresidente Barack Obama. En pocas palabras, la acción diferida era un programa discrecional de alivio de inmigración que permitía a las personas indocumentadas permanecer legalmente en los Estados Unidos a discreción de los funcionarios de inmigración. En 2012, el presidente Obama emitió la orden ejecutiva de Acción Diferida sobre los Llegados en la Infancia (DACA) después de que la *Ley DREAM* no se aprobara en el Congreso. Si bien DACA no proporcionó un camino hacia la ciudadanía, sí protegió a algunos inmigrantes jóvenes e indocumentados, que habían estado en el país desde la infancia, de la deportación.

Jessica también nos mencionó que varios congresistas y senadores, tanto republicanos como demócratas, apoyaron nuestra causa, entre ellos el senador George Lemiuex, el senador Dick Durbin, la congresista Debbie Wasserman Shultz, el congresista Mario Díaz-Balart y la congresista Ileana Ros-Lehtinen. Los vientos de cambio soplaban con más fuerza. ¿Podría ser posible que nuestra suerte cambiara? ¿Podría ser que, después de ser indocumentados durante tantos años, algún día pudiéramos tener trabajos legales, viajar y estudiar? ¿Podría ser que pudiéramos continuar en la búsqueda de nuestros sueños?

Pendiente de deportación

La situación de mis padres, sin embargo, empeoraba cada vez más. Estaban desesperados porque no sabían cómo estaban sus hijos. La culpa y el remordimiento de toda esta situación no los dejaban dormir. Querían luchar para ayudar a liberarnos, querían estar con sus hijos. No sabían en qué situación estábamos y, como me contaron más tarde, muchas veces se imaginaban lo peor. Un abogado de inmigración con el que se comunicaron les dijo: "Sus hijos serán deportados mañana. No hay nada que se pueda hacer al respecto. Solo un juez o Dios mismo puede detener la deportación". Dicen que Dios aprieta pero no ahoga; sintieron que estaban siendo ahorcados.

En un lugar que olía a podrido y estaba contaminado y lleno de personas sin hogar y con problemas mentales, mis padres estaban haciendo todo lo posible para liberar a sus hijos. Mis padres, mientras estábamos detenidos, lograron contactar a un famoso abogado de Miami quien les dijo que tenían que ir a su oficina para ayudarlos. Cuando estaban a punto de irse a su oficina, un amigo de la familia les dijo a mis padres que los agentes de inmigración los estaban esperando allí. Nunca sabremos si esto fue algo que el abogado permitió, o de alguna manera los agentes de inmigración lograron interceptar el teléfono de mis padres, pero gracias a Dios y la ayuda de ese gran amigo de la familia, que les advirtió a tiempo, mis padres se salvaron de ser detenidos.

Sin embargo, mis padres, desesperados por encontrar ayuda, trataron de comunicarse con uno de los maestros más estimados y mi amigo en el colegio donde estudié en Miami. Por error del operador de la central telefónica, y por el destino o la gracia de Dios, los comunicaron con la persona equivocada que cambiaría el curso de nuestras vidas. Una de esas llamadas fue con el Dr. Eduardo Padrón, el entonces presidente de Miami-Dade College. El Dr. Padrón siempre había apoyado la causa estudiantil. Llegó a los Estados Unidos como inmigrante cubano, y se convirtió en un líder en el campo educativo, siendo galardonado con la Medalla Presidencial de la Libertad en 2016 y ganando muchas otras distinciones. Durante mis años como presidente del Consejo Estudiantil del campus Kendall de Miami-Dade College, tuve la oportunidad de interactuar con él durante muchos eventos y actividades sociales. Era una persona especial porque, a pesar de ser tan influyente a nivel nacional, era muy humilde y siempre mostraba un interés genuino hacia los estudiantes que lo rodeaban.

Mi padre, sabiendo esto, decidió buscar ayuda en la universidad. Aunque llegar a él directamente es prácticamente imposible, no se dieron por vencidos y comenzaron a llamar. Como ya les dije, primero intentaron contactar a uno de mis profesores, pero la llamada fue transferida al asistente del Dr. Padrón. Mi papá logró contarle, con la voz quebrada, la situación que estábamos atravesando. Luego logró comunicarse con el director de la universidad y los periodistas del Nuevo Herald, la versión hispana del periódico Miami Herald, para contarles sobre la situación.

Para sorpresa de mis padres, el propio presidente de Miami-Dade College los llamó por teléfono y les dijo que me conocía y que haría todo lo posible para ayudarnos. Al mismo tiempo, mi colega y compañera activista estudiantil Gaby también logró comunicarse con mi padre para informarle sobre la coordinación de una marcha para liberarnos. También recibió una llamada del periódico local para entrevistarlo. A pesar de estos grandes avances, la decepción los invadió nuevamente cuando un abogado que investigó nuestra situación los llamó y les dijo que lamentaba informarles que nuestra deportación a Venezuela estaba programada para esa misma semana, y que no había nada más que hacer. Aparentemente, el abogado de inmigración tenía razón al sugerir que solo un juez o Dios podría detener esto. Como dijo, Dios tendría la última palabra.

El viernes 20 de noviembre de 2009, Janet Napolitano, ex-secretaria de Seguridad Nacional de los Estados Unidos durante la presidencia de Obama, jugó un papel muy importante en la liberación de mi hermano mayor, Guillermo, y en la mía. Mientras estábamos detenidos en el Centro de Detención de Broward en Davie, Florida, nuestros amigos recolectaron más de 1,000 firmas y se las entregaron a la secretaria Napolitano el jueves por la noche. El viernes por la mañana, ella envió un correo electrónico a ICE para que nos liberaran. El Senador Bill Nelson de Florida también se involucró al solicitar que se nos dieran todas las consideraciones pertinentes. Debido a su participación, ICE nos otorgó acción diferida por 12 meses para permanecer en los Estados Unidos antes de que nuestro caso llegara ante un juez de inmigración.

CAPÍTULO 11

El día que me soltaron

"¿Reyes, Jesús Alberto?" pregunta un oficial de seguridad al entrar en la pequeña habitación donde yo dormía en el centro de procesamiento de Broward Transitional Center.

"Ese soy yo", respondo.

"Agarra todas tus pertenencias. ¡Estás siendo liberado!"

¡No lo podía creer! Mi deportación estaba programada para el día siguiente. En medio de la alegría, me levanté tan rápido como pude para dejar las paredes de concreto rosa para salir libre. "¡Por fin, soy libre! ¡Por fin, por fin, gracias al Dios todopoderoso, por fin somos libres!" Entre las oraciones de muchos y el apoyo incondicional de otros, varios de ellos extraños, nuestra liberación se hizo realidad. Rápidamente agarré todas mis pertenencias, pero algunos documentos quedaron atrás. "No me importa", pensé. Fui con el oficial. Me llevó a una oficina donde tomaron mi información y luego me dieron mis pertenencias. Trajeron a mi hermano y nos quedamos en esa oficina hasta que nos escoltaron fuera del centro de detención. Nunca imaginé salir de ese lugar por la puerta principal abierta. ¡No lo podía creer!

Estaba emocionado pero también temía que hubiera habido algún error y que nos devolvieran a la detención. Allí, a la entrada del Centro de Transición de Broward, donde comenzó una de las etapas más desafortunadas pero igualmente importantes de mi vida, algo marcó un antes y un después en nuestras vidas. Dos personas, la señora Susana Barciela y la abogada Cheryl Little, nos saludaron una vez que estábamos afuera; eran dos de los "ángeles" en la tierra que Dios había puesto en nuestros caminos. Cuando Cheryl se presentó como nuestra abogada, la abrazamos con fuerza. Detrás de mí, el imponente centro de detención rosa ya parecía cosa del pasado. No podía esperar para salir de ese estacionamiento, recuperar mi vida y seguir adelante.

Aunque solo nuestros abogados estaban allí en ese momento, nuestra liberación involucró a muchas personas, que sin pensarlo dos veces hicieron su parte para ayudarme a liberarme. Entre ellos había familiares, amigos, compañeros de clase, amigos de la iglesia, mi asesora la Sra. Purkiss, la Sra. Susana, miembros del Congreso, tanto republicanos como demócratas, el Dr. Padrón, y muchos otros que, aunque sin nombre, hicieron toda la diferencia en el mundo.

Para ser honesto, a pesar de que quería olvidar y borrar por completo ese lugar, mi mente a menudo vuelve a esas paredes rosadas. Ahora, después de que han pasado años, esas imágenes y experiencias se han convertido en la fuerza y la motivación que necesitaba para salir adelante y abogar por otros en tales situaciones.

El día de nuestra salida, que fue unos días antes del Día de Acción de Gracias, nos llevaron directamente a nuestra casa donde, poco a poco, llegaron nuestra familia y amigos cercanos y personas que nos ayudaron en el proceso. También, por supuesto, estaba mi perrito Rocky, que había orinado en la alfombra. El olor era muy fuerte, pero no más fuerte que la alegría que todos sentíamos allí. Compartimos y comimos con placer entre amigos, colegas y familiares, y entre bromas y anécdotas, agradecimos a Dios y a todos los que hicieron posible nuestra liberación.

Después de días de reflexionar sobre lo que había sucedido, decidí ser parte de la solución. Quería apoyar de alguna manera un sistema o proyecto de ley que pudiera beneficiar a los inmigrantes indocumentados con buen carácter moral para la posibilidad de tener un estatus migratorio legal en los Estados Unidos.

CAPÍTULO 12

Activismo por la Ley D.R.E.A.M.

Durante mis años como estudiante universitario, me di cuenta de lo difícil que era continuar mis estudios en los Estados Unidos sin tener un estatus migratorio definido. En ese momento, tenía alivio discrecional a través de la acción diferida, pero este no era un estado permanente. Por lo tanto, no fui reconocido como residente de los Estados Unidos en lo que respecta al pago de mis estudios. Aunque siempre estaré agradecido de que incluso se me permitiera estudiar en los Estados Unidos, tuve que pagar tarifas escolares exorbitantes porque no me consideraban un "residente de Florida", sino más bien un "estudiante internacional", lo que hizo que mi matrícula fuera mucho más alta.

Mientras tomaba clases, trabajaba a tiempo completo. Mis padres también me ayudaron con el poco dinero que ganaban limpiando lugares o trabajando en una gasolinera. Durante ese tiempo, además de trabajar, también estuve involucrado en el activismo político a favor de la reforma migratoria, o la protección para los jóvenes indocumentados como yo. En la universidad, repartimos panfletos, coordinamos reuniones y participamos en llamadas a representantes del gobierno para que hicieran algo a favor de los más de 11 millones de indocumentados en los Estados Unidos. Para mí, esto fue y es importante porque es más que una política, es el futuro de muchas familias como la mía.

Una de las iniciativas que más apoyé y que ayudé a organizar reuniones, protestas y participar en actos de activismo político a favor, fue conocida como la Ley de Desarrollo, Alivio y Educación para Menores Extranjeros o Ley D.R.E.A.M. En pocas palabras, esta iniciativa se traduce en un proyecto de ley para jóvenes indocumentados o con una orden de deportación que llegaron a los Estados Unidos traídos por sus padres a una edad temprana y que ahora están en un limbo migratorio. Los jóvenes que querían continuar su educación o continuar siendo parte del ejército estadounidense y que generalmente tenían una buena conducta moral califican para la Ley DREAM.

Mis hermanos, muchos de mis compañeros de universidad, miles de jóvenes en todo Estados Unidos y yo calificamos bajo este proyecto de ley, y si se aprueba, nos daría la oportunidad de continuar estudiando, trabajando y teniendo la protección legal que nos permitiría salir del anonimato y hacer algo con nuestro futuro. Un caso interesante en torno a este proyecto de ley fue la situación de dos jóvenes colombianos brillantes que obtuvieron becas completas para una de las universidades más prestigiosas de los Estados Unidos. Debido a su falta de estatus legal, no pudieron continuar sus estudios. Gaby Pacheco, otra joven estrella de Ecuador cuyas aspiraciones educativas de ayudar a los niños con discapacidades a través de la terapia y la música se habían hecho añicos durante años debido a su estatus migratorio, también fue la base para promover el proyecto de ley conocido como la Ley DREAM. Personas como ellos, junto con mi hermano y yo, éramos conocidos como "soñadores".

Marcha por América, Washington, D.C. 2010

En 2010, como parte del activismo en apoyo de la legislación pro-inmigrante en los Estados Unidos, mi hermano y yo, junto con grupos pro-inmigrantes, participamos en una marcha sin precedentes frente a la Casa Blanca en Washington D.C. Más de 200,000 marcharon por el Capitolio en Washington, DC, el 21 de marzo de 2010, para pedir una reforma migratoria integral. Los grupos provenían de todo Estados Unidos, y el plan era manifestarse masivamente y pacíficamente por la reforma migratoria. Nunca olvidaré el viaje de Miami a Washington. Era un autobús lleno de jóvenes que estaban ilusionados y con el sueño de poder alcanzar nuestras metas profesionales y ser algo en la vida y en este país, de manera legal. De camino a Washington D.C. en medio del frío, nos detuvimos en las gasolineras para reposar . Al salir de Florida, notamos la diferencia entre las personas en el autobús y los residentes de los estados por donde pasamos, la gran mayoría de las comunidades que vimos eran estadounidenses blancos y algunas comunidades afroamericanas que vivían en suburbios y áreas rurales en los Estados Unidos. Siempre fuimos tratados con respeto a pesar de nuestras diferencias culturales.

Una de las cosas que más me hizo feliz de esa aventura fue que uno de mis hermanos, Guillermo, a quien apodábamos "El Guille", iba a la marcha, y como él era el que estaba conmigo en el centro de detención, tenía experiencia de primera mano con inmigración al igual que yo. También estuvo involucrado en apoyar el DREAM Act y ayudar a organizaciones sin fines de lucro a ayudar a los inmigrantes.

Recuerdo que la primera noche que llegamos a Washington, D.C., nos alojamos en la casa de un hombre estadounidense que ofreció su apartamento para que pudiéramos pasar la noche allí de forma gratuita. Era un hombre profesional que trabajaba en la zona. A este caballero, cuyo nombre no recuerdo, le gustaba apoyar este tipo de causas, y lo hizo con gran placer. Estaba sorprendido por nuestro grupo, el propósito de la marcha y todo lo que se estaba haciendo a favor de la reforma migratoria y para los estudiantes indocumentados.

Usted puede preguntarse por qué elegí destacar este evento en particular. Más que hacer de esto una autobiografía, quiero reflejar no solo el espíritu emprendedor de una sociedad, si no también la calidad humana del pueblo estadounidense. Aunque en todas partes hay "manzanas podridas", también hay tantas personas maravillosas que me mostraron apoyo una y otra vez.

Al día siguiente, las manifestaciones continuaron en Washington, D.C., donde nos reunimos con los cuatro caminantes del "Sendero del Sueño". Tuve la oportunidad de dar un discurso sobre por qué yo y estudiantes de todo Estados Unidos estábamos pidiendo una oportunidad para legalizar.

En mi discurso frente a la Asociación Nacional de la Prensa en Washington, D.C., hablé sobre mi experiencia como estudiante indocumentado. Sin embargo, fue el discurso de un compañero de estudios lo que llenó mis ojos de lágrimas. Era Carlos, un joven venezolano que llegó a Estados Unidos cuando tenía unos 2 años. Con lágrimas en los ojos y una voz temblorosa, preguntó en voz alta: "¿Hasta cuándo voy a ser indocumentado? ¿Cómo puede un ser humano con ambiciones y sueños, desde prácticamente el momento en que nació, ser considerado un "ilegal" o alguien que "no pertenece" y cuya sola presencia es un crimen? ¿Quién ingresó a este país teniendo 3, 4 o 5 años, e incluso en sus 30 años es alguien que bajo la ley no pertenece al sistema? "

Entiendo que nuestro país es una de las leyes que deben ser respetadas, pero sí creo que debe haber algún tipo de protección para los jóvenes, como Carlos, que tengan la oportunidad de lograr un estatus permanente en los Estados Unidos. Como país de leyes, es justo exigir que estos jóvenes demuestren buena conducta moral, no tener problemas criminales y que estén tratando de sobresalir en sus estudios o en el ejército, para ser parte de la nación.

En ese momento, sentí aún más el deseo de hacer algo al respecto, pero en ese momento, solo había mucho que podía hacer: cabildeo, marchas, protestas pacíficas, reuniones con personas influyentes y líderes comunitarios para apoyar un cambio a favor de la inmigración. Aunque en ese momento el cambio que podía hacer para la comunidad inmigrante, especialmente la comunidad indocumentada, era limitado, me dediqué al cien por cien a ese cambio.

A veces, me preguntaba: "Si alguna vez obtengo esa preciosa residencia, ¿qué voy a hacer? ¿A dónde voy a ir? ¿Podré graduarme de derecho? ¿Seré abogado? ¿Podré conducir un coche sin miedo a ser detenido por la policía? ¿Podré solicitar un trabajo sin temor a ser rechazado debido a mi estatus migratorio?"

Historia frente a mis ojos

Esos momentos de activismo político y social fueron muy especiales para mí. ¡Con mis compañeros, tuvimos la audacia de encabezar una marcha pacífica en Washington, D.C., específicamente en la Casa Blanca! ¿Quién hubiera pensado que este joven indocumentado podría llegar a hacer tal cosa? Pero lo hizo.

Había tanta gente y tanta conmoción en la Casa Blanca que se desplegó un gran equipo de seguridad para contener a los manifestantes y proporcionar seguridad. Entre esos agentes había oficiales montados a caballo, agentes del servicio secreto con ametralladoras, oficiales de policía de la ciudad de D.C. y agentes encubiertos. Parecía que estábamos en medio de una guerra por todo el centro de la ciudad. La gente gritaba desesperada y emocionada que querían un cambio y la oportunidad de ser parte de la ley para cumplir sus sueños con dignidad y arduo trabajo. Tanto fue la conmoción que los caballos comenzaron a desequilibrarse y hacer sus necesidades en medio de la calle casi haciendo que los policías que los montaban se cayeran. Era una escena sacada de una película. Los manifestantes gritaban en lo más alto de sus voces que querían un cambio y que lo querían ahora.

Los gritos, más gritos y los llantos continuaron mientras los congresistas, líderes políticos y sociales eran arrestados. Me recordó a mis cursos de historia cuando nos enseñaron sobre las marchas pacíficas del reverendo Dr. Martin Luther King, Jr. Experimenté este tipo de marcha con mis propios ojos y hasta el día de hoy nunca olvidaré esa experiencia.

Una marcha con propósito

Cuando no estábamos marchando, mis colegas y yo nos reunimos para hablar en el techo de un edificio, algunos bebiendo, otros comiendo, otros bailando. Personas de diferentes razas, creencias y afiliaciones se unieron por una causa, y aunque no necesariamente comparto ciertas ideologías y afiliaciones de algunos, debido a mis creencias religiosas y morales que son en su mayoría conservadoras y más tradicionales, lo importante es que todos estemos unidos para promover una legislación a favor de los inmigrantes. Hispanos, anglos, afroamericanos, asiáticos, árabes, judíos, cristianos, católicos, musulmanes, religiosos, no religiosos, todos queríamos una oportunidad de salir adelante, no pidiendo que se nos diera un beneficio, sino ganándolo. Tener la oportunidad de ser parte de esta sociedad y cumplir nuestros sueños.

Sendero de Sueños

Poco después de que me liberaran del Centro de Detención Transicional de Broward, mi amiga y activista social Gaby se me acercó con una idea muy peculiar. Gaby me preguntó si me gustaría participar en una marcha a pie desde Miami, FL, a Washington, D.C., a favor de los inmigrantes.

Parte de mí quería ir y ser parte de algo más grande que yo, algo que ciertamente implicaba una aventura como ninguna otra, más de 1,500 millas a pie para apoyar una causa. La idea era genial, sin embargo, también pensé: "¿Qué pasa si me arrestan? ¿Podrían seguir apoyando este movimiento? ¿Es sabio hacer esto?" La organización legal que me representó en mi caso de inmigración, Americans for Immigrant Justice, me recomendó que no me expusiera legalmente en este tipo de marcha mientras trabajaban en mi caso, pero me permitieron apoyar la causa de maneras que fueran más sabias y menos riesgosas para mi situación. Siguiendo el consejo de mis abogados, aunque no participé de la manera que me hubiera gustado, participé en el movimiento de una manera cautelosa.

Ayudé en la logística contactando a representantes políticos para reunirme con los manifestantes, así como hablando con medios nacionales e internacionales sobre lo que estaban haciendo los jóvenes involucrados en la caminata y por qué lo estaban haciendo. Estos jóvenes, Juan, Carlos, Felipe y Gaby, dieron esperanza a millones de personas en todo el mundo por su coraje al exponerse, sin documentos, en una marcha sin precedentes, a pie, desde la Torre de la Libertad en Miami, Florida, hasta la Casa Blanca y el Capitolio en Washington, D.C.

La pasión y el deseo de esta marcha, aunque hayan pasado muchos años, todavía resuena en el congreso de nuestro país y en los corazones de muchas personas, y no tengo ninguna duda de que algún día esto se escribirá en los libros de historia. Fue un honor para mí, aunque de una manera pequeña, ser parte de este movimiento y mostrarle al mundo que, si se nos da la oportunidad, haremos todo lo posible para avanzar y ayudar a nuestro país, los Estados Unidos, y alcanzar otro nivel.

Nuevos comienzos

Después de pasar por la experiencia como activista por la Ley DREAM y la reforma migratoria, me dediqué a estudiar y mejorarme para cumplir mis sueños y tener las herramientas para ayudar también a otros como yo. Entonces, elegí la justicia penal como mi especialidad en el Miami-Dade College. Allí conocí a excelentes profesores que siempre me motivaron a salir adelante. Me involucré en actividades por los derechos de los indocumentados. También me involucré mucho más en mi iglesia, sirviendo como líder, luego como mentor. Como líder en mi iglesia, tuve la oportunidad de ser mentor de varios jóvenes, parte de la tutoría consiste en tener reuniones bíblicas, compartir con ellos y exhortarlos a ser mejores personas, tanto para ellos como para otras personas. Entre los servicios de la iglesia y el discipulado, también enseñé acerca de mantener una relación con Dios y estar disponible para aquellos que lo necesitan. Mientras hacía todo esto, conocí a una persona muy especial, Laura.

Mi corazón sonrió

Laura fue una de mis compañeras de discipulado en el grupo bíblico de mi iglesia. Siempre pasábamos el rato en el mismo grupo de amigos. Ella era la mano derecha de nuestro mentor en la iglesia, y siempre bromeaba con ella porque era muy seria sobre los asuntos de la iglesia. A medida que pasaba el tiempo, nos conocimos mejor, ya que siempre servíamos juntos en la iglesia en diferentes eventos.

Cuanto más hablaba con ella, más me interesaba: veía que teníamos muchos sueños y planes en común.

Un día, cuando regresé de un viaje a Washington, D.C., donde estaba haciendo un evento activista, decidí comprarle una taza de Starbucks. Estaba encantada con la taza, ya que le fascina el café. Después de eso, supe cómo llegar a su corazón: ¡a través del café! Salíamos con frecuencia a tomar un café y pasábamos horas hablando hasta altas horas de la noche. Antes de que ella fuera mi novia, ya sabía que era la mujer con la que quería estar por el resto de mi vida.

En ese momento, yo estaba trabajando en McDonald's, y ambos todavía estábamos enfocados en nuestros estudios universitarios. No teníamos mucho materialmente, pero siempre lo pasábamos muy bien juntos, incluso cuando hacíamos sándwiches y los llevábamos al parque. Nos encantaba hablar e imaginar vivir nuestros sueños. Después de un rato, nos casamos. Tuvimos una pequeña boda en el patio trasero de la casa de unos amigos que eran muy especiales para nosotros. Toda nuestra familia y las personas más importantes para nosotros estuvieron allí el 1 de octubre. Ese día cambió nuestras vidas, el día en que Laura se convirtió en mi esposa y mi compañera de vida. Nunca imaginamos todo lo que Dios había planeado para nosotros juntos.

CAPÍTULO 13

Estudiar Derecho

Después de graduarme de Miami-Dade College con un título en justicia penal, pensé que podría ser más fácil postularme a la escuela de derecho, pero la verdad es que fue todo lo contrario. La solicitud fue muy compleja, pidiendo todo mi historial criminal, financiero y de salud. También pedían información detallada sobre prácticamente todos los lugares que había visitado, cartas de recomendación e información de transcripciones de instituciones anteriores, entre otros documentos. Aún más difícil para mí fue el LSAT, el examen de admisión a la escuela de derecho. Este es un examen que las escuelas de derecho en los Estados Unidos requieren para los solicitantes. Era una prueba difícil, así que Laura y yo íbamos a la librería Barnes and Noble en nuestro vecindario, y entre los libros, el olor a café y los visitantes que entraban a la librería, pasaba mi tiempo allí tratando de obtener un puntaje lo suficientemente alto como para ser aceptado en una escuela de derecho.

Rechazo tras rechazo

Después de la primera vez que postulé, para mi sorpresa, ninguna universidad me había aceptado. Me sentí triste y decepcionado. En ese momento, pensé que tal vez esto de ser abogado no era para mí y solo para aquellos que son "naturalmente inteligentes". Sólo una universidad me había aceptado, y lo hizo condicionalmente. La condición era que tenía que pagar una matrícula alta, y solo si pensaban que podía tener "éxito" en la escuela de derecho considerarían aceptarme por completo. Me sentí humillado. Pensé: "¿acaso necesito prácticamente rogar para que me acepten y pagar una gran suma de dinero para ver si valgo la pena?"

Pero estaba tan ansioso por ir a la escuela de derecho que estaba dispuesto a pagar. Gracias a Dios que Laura me aconsejó que no lo aceptara, y en cambio me animó a verme como era, un hijo de Dios con gracia, favor e inteligencia y que no necesitaba mendigar para entrar en la escuela de derecho. Pero tuve que hacer ciertos ajustes.

Ayúdate a ti mismo para que Dios te ayude

A veces la respuesta a nuestras oraciones no es sobrenatural, aunque Dios ciertamente actúa de manera sobrenatural. A veces Dios solo espera que hagamos los ajustes necesarios en nuestras vidas para que Él pueda hacer Su parte.

¿Quieres ser millonario? Ahorre dinero, trabaje sabiamente, no gaste dinero compulsivamente, invierta y use los talentos que Dios le ha dado para crear prosperidad financiera. ¿Quieres perder peso? No le pidas a Dios que "milagrosamente" te haga perder peso: come sano, haz ejercicio y ten un ritmo de vida saludable. A veces tenemos la idea equivocada de Dios, y lo vemos, en vez de como un amoroso padre celestial, como un amuleto de buena suerte. Me di cuenta de que, si quería lograr mi meta, no solo tenía que pedirle a Dios que me ayudara, sino que tenía que hacer todo lo que estuviera a mi alcance para lograr mi meta.

La Biblia dice que para lograr el éxito, debes tener fe y poner el reino de los cielos por encima de todas las cosas. El éxito implica sacrificio, inteligencia, trabajo duro, consistencia y perseverancia. De hecho, muchos de los milagros realizados por Jesucristo fueron acompañados por una acción, ya fuera Jesucristo escupiendo a los ojos de un ciego y luego sanándolo (Juan 9:6), o cuando el Señor mandó a su pueblo caminar alrededor de los muros de la antigua ciudad de Jericó siete veces para que los muros cayeran (Josué 6:15). Casi siempre había un sacrificio involucrado.

Entonces, en mi caso, además de la fe, lograr mis metas me obligó a volver a postularme a las escuelas de derecho y creer que me aceptarían. Esperé otros años para postularme a la escuela de derecho, y en ese tiempo pagué miles de dólares por las clases que me prepararon para el examen. Invertí tiempo que podría haber pasado con mi familia o amigos en estudiar para el examen. Volví a aplicar estratégicamente, pero antes del ciclo de aplicación, ya que las posibilidades de aceptación son mayores en ese momento.

Al poner todo esto en práctica, doy gracias a Dios porque el resultado fue muy diferente a mi primera experiencia . Esta vez, una tras otra, las cartas de aceptación incondicional llegaron por correo, incluso con becas, ¡no podía creerlo!

Llega la carta de aceptación

Nunca olvidaré el día en que recibí dos paquetes grandes de la facultad de derecho de una universidad cristiana: Liberty School of Law. Los paquetes que llegaron eran gruesos, y en comparación con las otras cartas que había recibido, la de Liberty era mucho más grande, así que tenía curiosidad. ¿Sería un rechazo o una aceptación? Cuando abrí la carta, no podía creerlo, no solo me habían aceptado, si no que recibí una beca muy generosa, por la cual estaba muy feliz. Liberty University estaba en Virginia, a más de mil millas y varios estados de distancia de donde vivía. Ir a Liberty significaría dejar todo atrás, incluyendo los trabajos míos y de mi esposa. Pero peor aún, dejar a nuestras familias, y a todo lo que estábamos acostumbrados, se quedaría atrás en busca de un futuro mejor.

Este cambio fue algo difícil de aceptar tanto para mi familia como para la familia hispana de mi esposa. Después de todo, nos íbamos a una ciudad muy diferente y lejos de nuestros seres queridos. Al principio, varios de ellos no estaban de acuerdo con nuestra decisión, lo que nos dolió mucho a mí y a Laura; pero mirando hacia atrás, entiendo por qué se sintieron de la manera en que lo hicieron. Sus familiares iban a aventurarse, solos, a un futuro incierto, donde no había garantía de que funcionaría o de que el objetivo se lograría. Estaba dejando dos trabajos estables y nuestras familias por la posibilidad de tal vez convertirme en abogado, y tal vez tener un futuro mejor, pero esto no estaba garantizado.

Esta fue una etapa muy difícil en nuestras vidas. Queríamos, más que nada, alcanzar nuestros sueños, pero a veces los que estaban más cerca de nosotros no creían en estos sueños y, sin malas intenciones, trataban de desanimarnos de seguirlos. Laura y yo decidimos no prestarles atención y fuimos tras lo que queríamos lograr.

Con el espíritu aventurero que ambos tenemos, y guiados por lo que sentimos era la voluntad divina, Laura y yo decidimos dar este salto de fe y dejarlo todo. Aunque estábamos en el mismo país, era un mundo totalmente diferente. De hecho, creo que el cambio de Caracas a Miami no fue tan fuerte como el cambio de Miami a Lynchburg, Virginia, pero doy gracias a Dios todos los días por haberlo hecho.

Laura y yo, entusiasmados con esta nueva aventura, decidimos hacer las maletas y visitar Lynchburg. No sabíamos nada sobre la ciudad, así que lo investigamos inicialmente. Es una pequeña ciudad ubicada en el centro de Virginia con una historia colonial y de la Guerra Civil muy interesante. Una casa perteneciente a Thomas Jefferson, uno de los padres fundadores de Estados Unidos que escribió la Declaración de Independencia, todavía se conserva allí, y Lynchburg tiene muchos monumentos y museos. Con una población de unos 80.000 habitantes en 2020, es una ciudad pequeña y pintoresca, típica de las ciudades universitarias, pero también es tranquila y muy tradicional.

El cristianismo es dominante allí, y alberga la universidad cristiana más grande del mundo: Liberty University, que fue fundada por el predicador y evangelista estadounidense Jerry Falwell. Falwell comenzó su carrera fundando una pequeña iglesia bautista y terminó su carrera con la fundación de una iglesia que con el tiempo se convertiría en una mega iglesia de miles de miembros. Liberty University fue creada para entrenar a "Campeones para Cristo". La fundación de la universidad, su misión y su cultura de excelencia fue en general la nueva cultura que Laura y yo estábamos a punto de encontrar, y fue muy atractiva para nosotros. Lynchburg era nuestro nuevo hogar, una ciudad mágica que equilibra el pasado y una cultura moderna y joven.

Excelencia y dificultades para convertirme en abogado

La escuela de derecho fue interesante, inspiradora y extremadamente difícil. Leí varios libros enteros, ley tras ley, caso tras caso, aprendiendo a analizar una situación de la manera en que lo hace un abogado. La escuela enseña el estilo IRAC, lo que significa Cuestión, Regla, Análisis y Conclusión. Además, en la escuela de derecho, utilizan lo que se llama el método "socrático". En este método, el aprendizaje se basaba en el hecho de que todos los estudiantes tenían que enseñar el tema del día, dominarlo tanto como fuera posible y presentarlo en clase con el maestro escuchando a un par de estudiantes. Estos estudiantes, a través de su educación sobre el tema, pero también a través de los posibles errores que cometieron, fueron utilizados para dirigir la clase en el tema correspondiente y para tratar de resolver problemas juntos. Algunos alumnos estaban aterrorizados por esta forma de aprender, por ser llamados sin previo aviso en medio de una clase y prácticamente tenerla que enseñar con el profesor. "¿Qué dirán? ¿Qué pasa si me equivoco?", fueron pensamientos que sé que pasaron por sus mentes, porque yo era uno de ellos.

Este método me causó mucha ansiedad. A veces tenía pesadillas de que cuando era mi turno de hablar, no sabía lo que estaba diciendo, o no daba las respuestas correctas. Después de que esto sucedió, aprendí a dominar ese miedo a lo que la gente diría y cualquier susto "escénico". Me di cuenta de que muchas de las personas que te ven hablando de algo, estarían en pánico si tuvieran que hacer lo que yo hacía. Esto me dio algo de confianza para hablar frente a la clase y hablar con mis maestros.

Laura en ese momento trabajaba para la universidad; muchas veces, llegaba a casa muy cansada y un poco frustrada porque parte del trabajo tenía que ver con una forma de ventas, promocionando las clases y certificados a los futuros estudiantes. Fue un trabajo muy exigente. Irónicamente, era un trabajo 100% en español, porque su departamento se dedicaba a ofrecer cursos a estudiantes de habla hispana. Eso fue lo que Dios dispuso para prácticamente apoyarnos financieramente, porque como estudiante de derecho a tiempo completo, solo podía trabajar a tiempo parcial.

Esta etapa fue muy especial para nosotros porque allí pudimos salir adelante, además de aprender a depender uno del otro. Nuestra relación creció y maduró mientras estábamos en Lynchburg. En ese momento, estábamos limitados financieramente, pero aún así logramos pasar un buen rato. Nuestras salidas consistían en ir al "Dollar Cinema" donde por dos dólares podíamos ver películas que se habían estrenado semanas o meses atrás. A veces íbamos a nuestro lugar de comida favorito "La Taquería" donde comíamos auténtica comida mexicana. A veces íbamos a otros lugares a cenar, que puede ser la razón por la que gané algunas libras, pero lo pasábamos muy bien. También tuve la oportunidad de visitar sitios históricos, paisajes naturales espectaculares como el río James, y parques nacionales o sitios de interés como la cima de los Picos de la Nutria, donde se podían ver águilas volando debajo de nosotros porque estábamos muy arriba. En definitiva, eran parajes naturales y majestuosos.

En los años que estuve en Lynchburg, sentí que estaba en una especie de retiro. Si bien fue una de las etapas más hermosas, también fue una de las más difíciles. Una cosa era ser un estudiante universitario, pero otra era ser un estudiante totalmente dedicado a convertirse en un profesional en derecho. Las escuelas de derecho en los Estados Unidos son muy exigentes, y para ingresar, además de los otros requisitos, necesita un alto promedio de calificaciones. Estudiaba día y noche, siete días a la semana, para tratar de mantenerme al día, pero a veces era demasiado, y a veces quería rendirme.

Tirar la toalla que Dios recogió

Las primeras semanas de comenzar la escuela de derecho hice todo lo posible para aprender, pero todavía había muchos conceptos que no podía entender. Vi cómo otros estudiantes parecían entender, pero en esas primeras semanas, muchos estudiantes dejaron de asistir a clase y se retiraron. No pudieron soportarlo. Las universidades permiten que un estudiante retire su matrícula por solo unas pocas semanas, pero después de eso debe quedarse, o tener resultados negativos y pagar las tarifas estudiantiles en su totalidad.

Me di cuenta de que varios de mis compañeros, al responder a las preguntas del profesor, tenían una comprensión completa de las leyes y casos que se nos asignaban, pero cuando respondí, a pesar de haber estudiado con gran entusiasmo, me resultó difícil tener una conversación legal con mis profesores sobre el tema, y a menudo incluso parecía que no había leído nada en absoluto. Sentí que cuanto más lo intentaba, menos entendía y menos parecía entender cuando participaba en clase. En un sistema diseñado para profesionales y un pequeño porcentaje de la población, se espera mucho de un estudiante de derecho. Tenía ganas de rendirme porque a veces me daba vergüenza sonar como si no estuviera preparado cuando era todo lo contrario. Esto sucedió en muchas ocasiones. Mis profesores tenían una manera muy amable de corregirme y ayudarme. No estaba criticando; más bien, siempre intentaron con amabilidad y compasión ayudarme, pero la preocupación por el qué dirán, junto con el pensamiento constante de no ser lo suficientemente bueno, me hizo dudar seriamente sobre mi futuro como abogado.

Aunque siempre hice todo lo posible para entender la lectura y los casos del día, cuando fui seleccionado al azar un día, sentí que no había hecho nada en absoluto. El profesor, con amabilidad, trató de guiar la clase a través de su conversación legal conmigo, a lo que se hizo casi imposible para mí continuar por vergüenza. El profesor, al notar mi falta de comprensión en el tema, sutilmente después de varias preguntas eligió a otro estudiante para continuar la conversación. En ese momento sentí que la escuela de derecho no era para mí. Tal vez estas cosas de la ley eran para personas naturalmente calificadas para hacerlo, tal vez un joven inmigrante que no hace mucho aprendió inglés no estaba destinado a ser un abogado en los Estados Unidos. Sólo Dios y el destino despejarían esa duda.

CAPÍTULO 14

Dios tenía a otros planes

Después de una clase de procedimiento civil donde, una vez más, no sabía cómo responder a las preguntas de mi profesor lo suficientemente bien y me sentía derrotado, decidí hablar con el maestro sobre dejarlo todo. Ya se lo había dicho a Laura, quien, al ver lo angustiado que estaba, me apoyó. Después de la clase, me acerqué a él y le dije: "Gracias por todo, pero sé que esto no es para mí".

Se sorprendió y con una mirada de lástima me pidió que no me rindiera. Ya estaba convencido de que no quería pasar por más malos momentos. Ya no quería estar avergonzado. No quería seguir pasando todo el día estudiando solo para estar tan confundido que, al discutir ciertos temas en clase, parecía que no había estudiado nada.

Una alternativa que se me había ocurrido era cambiar mi curso de estudio y asistir a la Escuela de Gobierno y Ciencias Políticas de la misma universidad. Entonces, ese mismo día, después de salir de mi clase, fui directamente a la Escuela de Gobierno. Para transferirme de la facultad de derecho, necesitaba la aprobación del decano de la Escuela de Gobierno. El decano no estaba presente ese día, así que hablé con un asistente estudiantil. Le expliqué mi situación, y lo primero que me dijo fue: "Guau, normalmente la gente se gradúa de la Escuela de Gobierno con la aspiración de ser aceptada en la facultad de derecho, y... ¿quieres hacer lo contrario?"

"Sí", le dije. Le expliqué que quería hacer un cambio y hacer una pasantía en el Congreso.

Él respondió: "Las pasantías no te van a pagar nada, por cierto. Lo que deberías estar haciendo es buscar un trabajo, no una pasantía". Su tono condescendiente casi me hizo perder la paciencia, pero me quedé callado mientras continuaba: "Si quieres dejar la facultad de derecho y pasar de un doctorado en derecho a estudiar ciencias políticas, puedes hacerlo, pero necesitarás la aprobación del decano y no estará disponible hasta la próxima semana. Tómalo o déjalo".

Le dije que volvería a llamar para hacer el cambio.

Mi destino cambió

Más tarde ese día, estaba muy deprimido, me sentía como un perdedor. Había hecho que mi esposa sacrificara su comodidad para venir conmigo, dejando todo atrás para embarcarme en este desafío conmigo que sentía que no podía continuar. Pero ni siquiera había otra opción razonable: iba a tirarlo todo.

En el camino de regreso de la Escuela de Gobierno a la facultad de derecho de la universidad, que estaba a unos 10 o 15 minutos, sentí algo muy especial. Fue una sensación de paz, a pesar de todo el tormento y las decisiones que tuve que tomar, que comenzó a llenarme de alegría. Al llegar a la escuela de derecho, parecía como si estuviera en una película de Hollywood, el letrero de la escuela de derecho estaba iluminado con un rayo de sol. Ese día estaba nublado, pero como el destino quiso, un brillante rayo de luz se posó allí. Muchos pueden pensar que esto es un cuento o una exageración, pero es la verdad; lo viví y lo presencié con mis propios ojos.

En la escuela de ciencias políticas vi gente joven, muchos eran mucho más jóvenes que yo. En la facultad de derecho vi profesionales, gente de mi edad que estaba muy preparada. Vi a hombres y mujeres que eran padres, algunos incluso abuelos. Vi a personas que servían en las fuerzas armadas con un sentido del honor, propósito, distinción y madurez. Lo único que en ese momento me vino a la mente fue "tú perteneces aquí". Conteniendo las lágrimas, volví a la facultad de derecho como si nada hubiera pasado, como si unos segundos antes no fuera a tirarlo todo. De hecho, será a través de este libro que tal vez mis profesores e incluso algunos miembros de la familia descubrirán por primera vez lo cerca que estuve de dejar la carrera.

La Biblia y la Ley

En la escuela de derecho, usando evidencia e investigación, aprendí sobre el sistema legal de los Estados Unidos desde un punto de vista bíblico. Entendí que las leyes se basan en un sistema de moral y códigos morales, y que el sistema moral varía dependiendo del sistema en el que uno basa las leyes. Entendí que no matar, no robar, amar a tu prójimo como a ti mismo y no codiciar, provenía de un sistema fundamentalmente bíblico, y que por naturaleza el ser humano sabía que debía defender estos valores. Entendí que, en cualquier parte del mundo, los seres humanos deben de reconocer la vida como algo importante, y que nadie debe quitársela a otra persona injustamente, ni robarle o lastimar sin ninguna razón, y mucho menos, atentar contra la vida de un ser que aun se encuentra dentro del vientre de su madre, independientemente de la etapa de su desarrollo. En resumen, entendí el concepto de leyes naturales, que los gigantes de la historia estadounidense eran en su mayoría hombres y mujeres que, aunque imperfectos, estaban extremadamente dedicados a un sistema moral bíblico. Algunos cometieron fechorías, permitieron actos desastrosos e inhumanos como la esclavitud, fueron infieles a sus parejas y/o fueron racistas, pero incluso en sus imperfecciones y debilidades, Dios los usó para crear uno de los sistemas legales más fuertes y respetados del mundo.

La Constitución de los Estados Unidos y la Declaración de Independencia han sido una fuente y un modelo para los sistemas legales de muchos países del mundo. Hoy, Estados Unidos, aunque no es un país perfecto, es la mayor potencia mundial. Estados Unidos es un país poderoso que ha sido la esperanza de muchos en todo el mundo y es un país que, a diferencia de otros, millones de personas hacen anualmente todo lo posible para entrar y no salir. Y aunque se puede decir que todavía hay muchas razones para eso, después de estudiar la educación cívica, el derecho y la historia estadounidense durante años, me doy cuenta de que la razón de la grandeza de los Estados Unidos no se basa en su fuerza militar o estabilidad económica, sino más bien en el fundamento bíblico que permite un sistema donde hay controles y equilibrios de poder, y derechos garantizados a buscar la vida, la libertad y la felicidad. En este país, E pluribus unum, que en latín significa "De muchos, uno", es un concepto grabado en monedas, banderas y documentos oficiales del gobierno de los Estados Unidos. En 1956, el Congreso de los Estados Unidos adoptó "En Dios confiamos" como el lema oficial, lo que significa nuestra confianza y destino en un poder superior.

CAPÍTULO 15

Comienzos humildes

A medida que pasaban los meses, comencé a acostumbrarme a la escuela de derecho. Mi padre solía decirme: "Inténtalo, y sigue intentándolo, hasta que mágicamente un día escuches un 'clic' y lo entiendas todo". Finalmente, escuché el clic.

Mi participación en las clases fue más precisa y sustancial, y el miedo a lo que mis compañeros y profesores pensarían desapareció gradualmente. Participé en clase con confianza, independientemente de las habilidades de mis compañeros que eran mejores. Mientras estudiaba, también hice pasantías para aprender más sobre la ley de inmigración. De hecho, mientras estaba en la escuela de derecho, estudié inmigración y varios cursos de estudios internacionales con profesores en este campo, incluidos el Dr. Yuri Mantilla y la profesora Edna Udobong. Durante mis estudios en la facultad de derecho, trabajé para la oficina de reasentamiento de refugiados de Caridades Católicas en Roanoke, Virginia. También trabajé para la organización legal que me apoyó y representó desde el Centro de Defensa de Inmigrantes de Florida, que había tenido un cambio de nombre para convertirse en Americans for Immigrant Justice. Allí, aprendí mucho más sobre la ley de inmigración y tuve la oportunidad de ayudar a las personas en sus casos de inmigración.

Me apasionaba esto, y era algo que cuanto más aprendía, más quería aprender, especialmente cuando veía a las personas que recibían documentos que les permitían vivir una vida mejor en los Estados Unidos.

Finalmente graduándome

Después de horas de estudio, a veces noches enteras, y tratando de equilibrar el trabajo, las pasantías y el estudio, finalmente me gradué de la escuela de derecho. Este es uno de los mayores logros de mi vida. No fue fácil, pero lo hice. Toda mi familia que vivía en Miami viajó para ver mi graduación; fue muy emocionante. El lugar estaba lleno, en el centro de Virginia, amigos y familiares estaban celebrando con los graduados.

Nunca olvidaré a mis profesores de la facultad de derecho en Liberty University, quienes siempre nos inspiraron e inculcaron una comprensión más profunda de la relación de la ley con la creación perfecta de Dios cuando hablaban y razonaban sobre la ley.

También discutimos temas sociales y personales en los que siempre aprovecharon la oportunidad para motivarnos y exhortarnos a seguir adelante, a vencer nuestros miedos, y siempre, como decía el profesor Hesch, uno de mis maestros: "Sé fuerte y valiente".

También recuerdo con mucho cariño y respeto a mis otros profesores, como la decana Rena Lindevadsen, el Decano Tuomola, el decano Martin, el profesor Lucas, la profesora Mouly, el Juez Spinden, el Dr. Mantilla y la profesora Edna Udobong, el profesor Crisman, el profesor Klein, el profesor Hesch, el decano Todd entre otros. Estos hombres y mujeres son profesionales extremadamente experimentados de la ley y la práctica de la ley en los Estados Unidos, y debido a eso han ayudado a la Facultad de Derecho de Liberty University a tener uno de los programas de derecho más rigurosos y exitosos del país. Estoy orgulloso de graduarme de Liberty University.

Los meses que siguieron fueron un arduo intento de terminar la otra parte de mi carrera, que era aprobar el examen del Colegio de Abogados de Florida. Esta es la organización que otorga licencias y regula a todos los abogados que ejercen en la Florida, donde siempre había querido ejercer.

CAPÍTULO 16

Pérdidas que cambian la vida

"La vida es como un tren", escuché una vez, "donde tú eres el que conduce el tren, y en cada estación, hay gente que va y viene. Algunos pasajeros viajarán por varias estaciones, pero otros solo viajarán momentáneamente para llegar a otra estación. Muy pocos estarán en tu tren durante todo su recorrido". Aunque no recuerdo exactamente dónde escuché esas palabras, realmente no importa porque ofrecen mucha sabiduría. Como dice el refrán, la verdad es que en esta es la vida, los seres queridos irán y vendrán.

Después de graduarme de la escuela de derecho, escuché la emocionante noticia de que iba a ser padre. Nos llenó a mí y a mi esposa de emoción. Este sería nuestro primer hijo o hija.

Mi esposa comenzó a experimentar mucho dolor durante la etapa temprana de su embarazo. Si bien los síntomas no le dieron mucha paz sobre el estado de su embarazo, siempre creímos que todo iba a estar bien. Cuando tuvo su primer chequeo prenatal, mi esposa y yo fuimos a una sala de examen donde monitorearon al bebé a través de un ultrasonido para ver su condición. La habitación era oscura y fría, y estaba muy nerviosa. Traté de no mostrarlo, sin embargo, con el fin de inspirar confianza y seguridad en mi esposa. La enfermera estaba haciendo clic varias veces en su pantalla, pero parecía frustrada. Parecía revisar algo una y otra vez sin obtener lo que estaba buscando en la pantalla. Le pregunté qué estaba pasando, y ella solo dijo que el médico hablaría con nosotros.

Básicamente, el médico nos dijo que había un nuevo angelito en el cielo. El bebé había muerto. Mi esposa lloró e hice todo lo posible para consolarla. Aunque estaba muy triste, nunca cuestionó a Dios. Yo, sin embargo, me pregunté: "¿Dónde estaba Dios?" Tal vez sea común preguntarnos dónde está un Dios amoroso, bueno y todopoderoso que a veces parece estar ausente cuando más se necesita. La pregunta general del millón de dólares es "¿por qué le suceden cosas malas a las personas buenas?" Sé que esto nunca será completamente entendido o respondido en esta tierra. Así, he aprendido a confiar en Dios incluso cuando, muchas veces, no lo entiendo.

Fue difícil para mí entender, o mejor dicho, aceptar cómo una mujer dedicada a Dios y a su familia le podía suceder algo así. Además de confiar en Dios sobre todas las cosas, a pesar de que muchas veces mi fe flaqueó, aprendí que la paz de Dios está garantizada para aquellos que la buscan. Entendí que cuando la Biblia habla de recibir la "paz que sobrepasa todo entendimiento", es algo real, porque en medio de esa situación, mi esposa y yo sentimos paz en nuestros corazones. Aunque un poco tristes, sabíamos que no era el final para nosotros y que siempre había una segunda oportunidad, ya que estoy convencido de que Dios es un Dios de oportunidades. Mi vida es un testimonio de eso.

Casi al mismo tiempo, tuve otra pérdida: mi amado amigo de cuatro patas Rocky. Sé que, para muchos, leer esto puede sonar un poco ridículo, pero para aquellas personas que aman a los animales como yo, saben lo que es perder una mascota. Rocky había vivido durante aproximadamente 14 años. Durante ese tiempo, fue parte de viajes especiales, fechas importantes y la inspiración para anécdotas. Con el paso del tiempo, mi querido perrito comenzó a desarrollar un tumor en su cuerpo que lo llevó a un punto en que no podía vivir una vida normal y estaba constantemente dolorido.

Se le recomendó que fuera sacrificado por medio de una inyección, que fue una de las experiencias más desagradables y tristes de mi vida. Ver cómo mi perro se debilitaba y tenía pocas posibilidades de vivir era difícil, pero no quería que sufriera. Le dieron sedantes e inyecciones para facilitar su despedida. Sus pupilas dilatadas y sus ojos cerrados me indicaron que mi pequeño amigo de la infancia ya no estaba allí, y lo que quedaba eran hermosos recuerdos.

En ese momento, con estas dos pérdidas, mi corazón lloró y mi mente estaba confundida. Pero en el fondo, también tenía una mayor expectativa del próximo capítulo en mi vida y la de mi esposa. Sabía que Dios tenía algo mejor para nosotros, pero no estaba seguro de lo que era.

CAPÍTULO 17

Preparándome para ser abogado

Nunca había leído y estudiado tanto como cuando me preparé para aprobar el examen de la barra. Nada en mi carrera académica se puede comparar con la intensidad de este examen, especialmente en el estado de Florida. Está clasificado como uno de los diez más difíciles de todo el país. No importaban los desafíos asociados con la prueba, sabía que no había vuelta atrás. Solo por el hecho de que había perseverado y me había graduado de la escuela de derecho, sabía que también podía aprobar el examen. Si me hubiera rendido y simplemente me hubiera decidido a trabajar en el campo legal, habría desperdiciado todo el tiempo y dinero que había sacrificado durante tantos años intentando ejercer la profesión de abogado con licencia. Por eso decidí que, con todas mis fuerzas, estudiaría para aprobar el examen.

Convertirse en padre

Unas semanas antes de tomar el examen de la barra, recibí una de las mejores noticias que he recibido en mi vida: iba a volver a ser padre. ¡No lo podía creer! Estaba tan feliz y al mismo tiempo me preguntaba cómo iba a ser mi bebé. ¿Sería una niña o un niño? ¿Cómo podría ser el mejor padre que podría ser? ¿Habría alguna complicación esta vez?

Gracias a Dios tanto Laura como yo tuvimos un buen ejemplo de padres que siempre nos apoyaron e hicieron lo mejor que pudieron para darnos una buena crianza, ahora aún más sentí la necesidad de hacer todo lo posible para lograr algo grande no solo para Laura y para mí, sino para mi familia especialmente para el bebé que estaba en camino.

Ese bebé era una hermosa niña llamada Abigail o "Abby" y ha sido una de las mayores bendiciones de mi vida, por lo que me siento y siempre me sentiré muy afortunado.

Antes de que Laura diera a luz, hicimos una pequeña escapada nada menos que París, Francia. Fue un gran viaje, aunque realmente no teníamos mucho dinero. Aún así, pensamos: "Voy a tomar el examen de la barra, y pronto probablemente estaré trabajando largas horas como se sabe que hacen los abogados ... Además, tendremos una niña que va a requerir mucha de nuestra atención y tiempo. Entonces, si hay algún viaje emocionante que podamos hacer, ¡hagámoslo ahora!" Hasta el día de hoy, no nos arrepentimos de haber usado una tarjeta de crédito y haber hecho ese viaje. Por supuesto, no te estoy instando a que tomes tus tarjetas de crédito y hagas este tipo de gastos, pero a veces este tipo de ideas locas, pero bien planificadas y con propósito valen la pena.

Tomando el examen de abogacía

Después de graduarme de la escuela de derecho, tuve una oportunidad que muy pocos graduados recientes de derecho tienen, que era conseguir un trabajo en un prestigioso bufete de abogados. De la noche a la mañana, pasé de estar desempleado y tener solo los recursos suficientes para mantener a mi esposa, a mi hija y a mí mismo, a un trabajo con un salario generoso, beneficios, mi propia oficina y asistentes. En resumen, sentí que había logrado el objetivo de convertirme en un abogado con licencia, pero solo una cosa me impidió hacer todo oficial: aprobar el examen de la barra de Abogados de Florida.

Durante meses, estudié y practiqué continuamente para aprobar el examen de la barra noche y día. Cuando finalmente llegó el día, no pude dormir. Nunca olvidaré el día que tomé el examen. Me quedé en la casa de mi amigo Andy que vive en Tampa, que es donde se toma el examen del Colegio de Abogados de Florida. Oré y me preparé mentalmente, y planeé darlo todo. Había literalmente cientos de personas tomando el examen al mismo tiempo en un gigantesco centro de convenciones. Se administraron cámaras, supervisores y reglas muy estrictas para garantizar la integridad del examen. Fue un examen largo, pero no me sentí particularmente sacudido por él.

El riguroso examen tardó dos días en completarse. Al final, no sabía exactamente cuál iba a ser el resultado, pero estaba feliz de que iba a dejar atrás días y noches de no poder salir o disfrutar del tiempo con mis seres queridos o estar limitado en mi trabajo en esta prestigiosa firma. Estaban esperando que aprobara el examen, y no quería decepcionarlos a ellos, a mi familia ni a mí mismo. Como ya estaba trabajando en un bufete de abogados prominente y me estaba desempeñando bien en mi trabajo, pensé: "¿Qué podría salir mal?"

CAPÍTULO 18

Mi humillación

En el prestigioso bufete de abogados donde trabajé, todos estaban atentos a que los graduados de la escuela de derecho recién contratados aprobaran el examen de la barra estatal de la Florida y se convirtieran en abogados con licencia. Por lo tanto, todos los abogados en ejercicio, o 'esquires', estuvieron atentos a los resultados de nuestras pruebas. Los abogados de la oficina me dieron palabras de aliento y siempre me apoyaron en el proceso.

El día que llegaron los resultados de la prueba, estaba extremadamente ansioso, tanto que ese día mi empleador me permitió quedarme en casa. Entonces podría darles las buenas noticias al día siguiente y celebrar en la oficina. En mi mente, entraría a la oficina legal de una manera gloriosa, como un abogado con licencia de pleno derecho, no solo como alguien con un J.D., es decir, un juris doctor o un doctor en jurisprudencia o un "casi abogado". Miré ansiosamente la página oficial del Colegio de Abogados de Florida para ver los resultados. En mi primer intento, los resultados no aparecían, pero después de una larga espera y refrescar la página varias veces, finalmente aparecieron los resultados. Era hora de dejar atrás años de estudio riguroso y centrarme en la siguiente etapa de mi vida como abogado. Era hora de celebrar.

Busqué el número que se me asignó entre los resultados, y para mi gran sorpresa y consternación, no aprobé el examen. Los años de estudio y los meses de preparación simplemente no fueron suficientes. No lo podía creer. Pensé: "¿Qué le voy a decir a mi esposa? ¿Qué le voy a decir a mi empleador, que estaba convencido de que iba a ser uno de sus nuevos abogados y ya no solo un abogado provisional?" Me sentí derrotado, triste y avergonzado. Pensé en todas las personas que oraron y creyeron en mí, incluidos los de la universidad, mis profesores, mis padres, mi familia, y mis compañeros de trabajo. Todos estaban convencidos de que iba a ser una victoria rotunda.

Con tristeza y un sentimiento de derrota y humillación, sabía que de alguna manera tenía que recuperar mis fuerzas para seguir adelante. Gracias a Dios, mi familia siempre estuvo ahí para apoyarme, especialmente a mi esposa, quien, en medio de mi tristeza y sensación de derrota, me motivó a seguir adelante y no basar mi futuro en fracasos pasados. Ella me motivó a seguir adelante y simplemente hacer lo mejor que pude, que es todo lo que me debía a mí mismo y a todos los demás.

Cuando fui a mi oficina al día siguiente, todos me saludaron felizmente. Me preguntaron con una sonrisa: "Aprobaste el examen, ¿no?

Nunca olvidaré la mirada en sus caras cuando les dije que no aprobé el examen de la barra. Literalmente se podía ver la lástima que sentían por mí, y como si la información viajara telepáticamente a la velocidad de la luz, pronto, no solo los abogados de la firma, sino también los asistentes legales y asistentes me dieron la misma mirada de lástima. Finalmente, la firma decidió mantener mi trabajo como "ayudante legal". Entonces, mi esposa y yo decidimos intentarlo de nuevo.

Una segunda oportunidad

Volví a tomar el examen, esta vez, me preparé mucho más que la primera vez. De día trabajaba y de noche estudiaba. Las reuniones con amigos, familiares e incluso mi propia esposa eran limitadas. Mientras estudiaba, puse a mi pequeña hija a mi lado para poder estudiar y al mismo tiempo estar con ella. Estaba concentrado y obsesionado con aprobar este examen, sabía que si no aprobaba, iba a tirar a la basura todos los años de estudio, sacrificio, inversión de tiempo y dinero.

Finalmente llegó el día y tomé el examen. Fue igual o incluso más difícil que el primero, pero estaba mentalmente listo para aprobarlo. Una compañera estudiante de derecho y asistente de la facultad de derecho, la Sra. Melanie Miglaccio, fue una de los "ángeles" que me ayudaron a prepararme para el examen. Ella era una estudiante brillante en la escuela de derecho donde me gradué. De hecho, ella era la estudiante número uno de su clase. Sabiendo que tenía que aprobar el examen y entendiendo que me costaba entender ciertos conceptos sobre la materia, decidió echarme una mano con la preparación. Con mucha amabilidad, paciencia y determinación, me guió durante varias semanas para asegurarse de que aprobara el examen, y no me cobró un centavo por la tutoría.

Otro prueba

Finalmente, después de meses de espera, llegó el día en que se dieron a conocer los resultados. Revisé ansiosamente los resultados y, para mi sorpresa, no pasé, otra vez. Esta vez, no pude contener las lágrimas. Pasar significaba poder proporcionar un futuro mejor para mi esposa e hija, pero había fracasado de nuevo en hacerlo. Sentí que todo lo que había tratado de lograr se había desvanecido de mis manos. ¿Cuál era el punto de haber pagado miles de dólares y renunciar a un tiempo precioso con mi familia para estudiar, si, una vez más, todo era en vano?

Mi familia no podía creer lo que estaba pasando. En medio de nuestras lágrimas, mi esposa y yo fuimos a la playa para despejar un poco nuestras cabezas y planificar los próximos pasos en nuestras vidas. Hablamos de dejar Miami para ir a otro estado, tal vez Carolina del Norte, porque era un lugar que a los dos nos gustaba mucho. Después de esta conversación, una de las primeras cosas que hice fue buscar trabajo allí. Después de aplicar en algunos lugares, me ofrecieron un trabajo en un pueblo pequeño. Aunque el salario era muy poco, pensé que tal vez era el plan de Dios para mí. Estaba convencido de que ir a algún lugar lejano era la mejor opción para evitar la humillación pública de tener que decirles a todos en mi oficina que no había aprobado el examen. Trabajé en un gran bufete de abogados con oficinas en toda la Florida. Las limitaciones profesionales y la pérdida de beneficios para mi familia fueron ciertamente partes dolorosas de reprobar el examen, pero me dolió especialmente la cantidad de personas que se sentirían decepcionadas. Puedo decir que cuando mis empleadores se enteraron, estaban caídos y en silencio. Era consciente de que ya no podían mantenerme empleado en la empresa porque mi trabajo estaba condicionado a la obtención de mi licencia para ejercer. Temprano una mañana, unas semanas después de fallar la segunda vez, recibí una llamada de mi supervisora. Ella quería hablar conmigo, y yo ya sabía a dónde iba. Fui a su oficina e inmediatamente vi el arrepentimiento en su rostro. Ella estaba allí junto con el coordinador de relaciones humanas de la empresa, y me despidieron; me pidieron mis llaves, y discutimos la forma más privada para que yo dejara la empresa. Recogí mis pertenencias y salí de la oficina tan silenciosamente como pude.

Me pregunté por qué las cosas tenían que suceder de esta manera. Le pregunté a Dios por qué permitió que un hijo suyo pasara por estas situaciones. ¿No era suficiente la cantidad de tiempo y dinero que había invertido? ¿Por qué añadir una cereza de vergüenza y humillación a este batido de mala fortuna?

Bancarrota

La situación de mi familia comenzó a deteriorarse. Pasé de trabajar en un prestigioso bufete de abogados a quedarme sin trabajo, sin un centavo y dependiendo de la asistencia de la familia y del gobierno. Me sentí como un fracasado, y algunos de mis seres queridos también compartieron este sentimiento. Nos miraron a mí y a Laura con lástima y nos aconsejaron que "buscáramos trabajos reales". Fue una situación humillante.

En una ocasión, toda mi familia fue a hacer un día de picnic en un parque. Muchos ya sabían por lo que mi esposa y yo estábamos pasando, y ese día no fue la excepción. Estábamos jugando béisbol, y alguien accidentalmente golpeó la pelota en mi ojo. Después, jugábamos al fútbol, y yo caí hacia atrás tratando de patear la pelota. Cada vez me avergonzaba, y mi vergüenza aumentó cuando otros que le dijeron a mi esposa: "¡Pobre chico, todo le va mal a él!" No sabía qué hacer ni cómo cambiar mis circunstancias, y la lástima de mi familia no ayudaba.

Ángeles en medio de la desgracia

A pesar de mi pena y vergüenza, todavía había ángeles que creían en mí. Nunca olvidaré su apoyo. Estas son las personas que estuvieron conmigo en las buenas y en los malos momentos. Mi esposa quien es mi mejor amiga y aliada, y siempre me ha animado y nunca ha dudado de mi capacidad para lograr mis metas. Incluso cuando las probabilidades estaban en mi contra y yo era un hazmerreír o el blanco de lástima, Laura estaba allí. Mis padres, mis hermanos y mi querida asesora Merlene Purkiss también fueron constantes en su apoyo. Purkiss a veces nos rogaba a Laura y a mí que fuéramos a almorzar con ella y nos sorprendía con ayuda financiera. Mi hermano mayor, Marcos, me regaló su coche y siempre trataba de animarme cuando todo se sentía sombrío. Una vez me dijo que los desafíos hacen que la victoria se sienta mucho más dulce.

En esa etapa de mi vida, un abogado fracasado, desempleado y endeudado, terminé a merced de la asistencia del gobierno y apoyo financiero de otros. A pesar de las continuas críticas tanto de extraños como de amigos, mi esposa y yo acordamos que seguiría adelante y continuaría estudiando. Iba a enfrentarme a los críticos y demostrarles que estaban equivocados. Traté de aprovechar este tiempo para estudiar más ya que estaba desempleado. Estudié como nunca antes, pero sin la presión de aprobar el examen. Solo quería dar lo mejor de mí, y si no funcionaba, sabía que Dios tendría algo bueno reservado para nuestra familia.

CAPÍTULO 19

Ahora o nunca

Al principio, estaba convencido de que no debía volver a tomar el examen por tercera vez. Pensé que era injusto para mi esposa y ahora para mi hija. Después de casi 4 años, estaba igual o peor que cuando empecé. Había tratado de lograr nuestros objetivos, pero el drenaje psicológico, mental, físico, financiero y emocional era demasiado cada vez que tomaba este examen.

Le dije a mi esposa que no lo volvería a tomar, pero ella me preguntó: "¿Qué tan cerca estabas de pasar?"

Le respondí: "Muy cerca".

Luego propuso otro intento, diciendo: "¿Por qué no lo intentas de nuevo, pero esta vez, hazlo sin ansiedad? Solo prepárate de nuevo. Aprende de lo que no funcionó antes y toma el examen con fe pero sin miedo a no aprobarlo".

Fue un consejo oportuno y me dio mucha paz. Después de todo, sentí que no había un punto más bajo de lo que podría haber sido en la vida. Ya había perdido mi trabajo. Todos sabían que no aprobé el examen. Algunos miembros de mi familia y amigos dudaban de mi capacidad para asumir la responsabilidad de mi esposa e hija. Sin embargo, las personas que más amaba seguían apoyándome y creyendo en mí. Lo más importante es que me amaron y continuaron haciéndolo independientemente de los logros profesionales o académicos. No tenía que demostrarles nada, pero necesitaba hacer esto por mí mismo y por mi sincero deseo de ayudar a los demás. Esta vez, sin embargo, no tenía nada que perder porque ya había tocado fondo, pero por otro lado, tenía todo para ganar. Decidí dedicarme a estudiar de nuevo, así que durante meses, oré todos los días, agradeciendo a Dios por lo que ya me había dado. Le pedí una petición especial: quería lograr el objetivo de convertirme en abogado.

Mientras hacía ejercicio una noche, escuché un video motivacional en YouTube sobre no rendirme. Era una recopilación de videos, incluyendo escenas de películas de personajes como Rocky Balboa, actores como Will Smith, Denzel Washington y otros grandes de Hollywood. Esta recopilación de videos tenía música de fondo emocional y un narrador con un mensaje inspirador que despertó un deseo insaciable en mí de lograr el éxito a pesar de todo. Lo escuché casi todos los días mientras hacía ejercicio. El narrador dijo: "Déjame decirte algo que tal vez ya sepas. El mundo no es sol y arco iris. Es un lugar malo y desagradable, e independientemente de lo fuerte que seas, te pondrá de rodillas y te dejará allí si lo dejas. Tú ni nadie más golpeará tan fuerte como esta vida, pero no se trata de lo duro que la vida te golpea. Se trata de lo duro que la vida puede golpearte y lo duro que puedes seguir adelante mientras la vida te golpea. Así es como se llega a ganar. El dolor es temporal. Puede durar horas, días, meses o años, pero eventualmente, terminará y algo grande lo reemplazará. Pero si te rindes, lo tirarás todo. Si tienes un sueño, protégelo... Si quieres algo, concéntrate en conseguirlo. No tengas miedo de fallar, o lo que pueda suceder, solo concéntrate en la posibilidad de que suceda algo diferente.

Las palabras de la autora Marianne Williamson me recordaban que "el mayor temor de los seres humanos es su increíble potencial. Es nuestra luz y no nuestra oscuridad lo que nos asusta..." El vídeo luego me reta al preguntar: "¿Pregúntate quién quieres ser?..." y luego basado en la película *Any Given Sunday* de 1999 escuché lo siguiente: "Puedes quedarte donde estás recibiendo una paliza o puedes darlo todo y luchar por llegar a la luz mientras escapas del infierno, una pulgada a la vez", sacrificando donde estás por donde estarás ... Recuerden, el reino de los cielos está en el corazón del hombre.

"¿Tienes el poder de cumplir tus sueños? ¿Qué harás al respecto?" Estas palabras y el video que vi penetraron en mi alma todos los días que hacía ejercicio. Entonces decidí seguir luchando, seguir creyendo, seguir estudiando y seguir preparándome.

Los sacrificios

Luego, por tercera vez, me dirigí a la casa de mi amigo Andy, quien, por tercera vez, amablemente me permitió quedarme en su casa para tomar el examen. Andy era un compañero de clase que conocí en la Universidad Liberty. El es una persona muy noble, inteligente, pero al mismo tiempo, con los pies en la tierra, siempre animándome y exhortándome a seguir adelante. Entre bromas y aliento, Andy y su esposa, Sarah, siempre me ayudaron y se acercaron cuando lo necesitaba. Entonces, me sentí cómodo quedándome en la casa de

Andy para luego ir al centro de convenciones en Tampa al día siguiente para tomar el examen.

El viaje de Miami a Tampa es de aproximadamente tres horas y media, y ese día en particular fue hermoso. Durante el viaje en automóvil, literalmente estaba cantando, orando y sintiéndome muy tranquilo. En el camino, tuve hambre, pero no quería parar. Sin embargo, terminé deteniéndome brevemente para obtener una chalupa de una tienda de comida rápida, y a las pocas horas, me detuve nuevamente para tomar un café en otra tienda de comida rápida. Aunque he ordenado de estos dos lugares en ocasiones anteriores, nunca tuve un problema, pero esta vez, como el destino quiso, este no fue mi día de suerte. Sin duda, tenía una intoxicación alimentaria, tanto que, al llegar a la casa de Andy, apenas podía entrar. Sentí náuseas y tuve dolor de cabeza y dolor de estómago. Me sentí terrible porque él y su esposa hicieron todo lo posible para prepararme la cena, pero tuve que rechazarla. Después de pasar un tiempo con ellos, decidí ir al dormitorio porque me dolía mucho la cabeza y las náuseas aumentaban. Las náuseas eran tan fuertes que, alrededor de la medianoche, después de varios viajes al baño, comencé a vomitar sin parar.

Al contar esta anécdota, muchas personas piensan que fueron "nervios", pero en realidad, no estaba excepcionalmente nervioso. Sabía que pasara lo que pasara, el hecho de ser abogado o no, no iba a definir quién era yo como persona, padre, esposo, hijo, hermano o amigo. En ese momento, entendí que un título, aunque importante y puede abrir puertas, no define a las personas.

No dormí en toda la noche debido al dolor, la preocupación y la ansiedad. Aunque lógicamente, estaba muy pendiente del examen, el hecho de no poder dormir aumentó mi preocupación porque como estudiante en Liberty y durante mi preparación para el examen, comer bien, descansar adecuadamente y mantener un ritmo de vida equilibrado era una prioridad. Imagino que así es como se sienten los atletas olímpicos, cuyos años de preparación, incluidas las demandas físicas y mentales, solo cuentan en los momentos de competencia. A pesar de la terrible e inquieta noche, me sentí un poco mejor por la mañana. Me preparé para ir a mi examen, y con fe y esperanza, me dirigí al centro de convenciones de Tampa.

Como siempre, el lugar estaba lleno de gente. Había miles de posibles candidatos sentados para el Colegio de Abogados de Florida. La gente estaba llena de ansiedad y emoción, proporcionando palabras de aliento y haciendo una pequeña charla. Todos sabíamos que era hora de tratar de brillar, de alcanzar el pináculo de nuestros logros académicos, que hasta ese momento, parecía imposible de lograr para mí.

Unos minutos antes de comenzar, quería comer algo, pero las náuseas seguían ahí. Para no tomar el examen con el estómago vacío, compré una pequeña ensalada de frutas en una cafetería en el centro de convenciones. Solo había comido algo de fruta cuando volvieron las náuseas, pero esta vez más fuerte. Era hora de ir a mi habitación asignada para el examen. No podía pensar en mis náuseas, porque tenía que concentrarme en la misión.

Mientras un mar de personas se dirigía a sus salas de examen, mi dolor de estómago y náuseas se sentían abrumadores. Ya no podía contenerme y tenía que ir al baño. En mi mente, una voz me decía: "Este es el final de tu esfuerzo". Mientras tanto, otra voz me decía: "Sigue adelante. Estás cerca de lograr tu objetivo".

En el baño, vomité con tal fuerza que escuché a la gente afuera asustada por lo que me estaba pasando. No creo que haya vomitado así en mi vida, pero algo muy interesante sucedió después de este desagradable episodio. Mientras me limpiaba la cara lo más rápido posible, ya que quedaban literalmente unos minutos para empezar, sentí una paz indescriptible. De hecho, me sentí feliz. Gran parte del consejo que había recibido sobre tomar el examen era "descansar" lo suficiente y "comer" bien antes del examen, lo que no había hecho. Estaba allí, entre miles de candidatos, tomando el examen del bar de la Florida con el estómago vacío y sin haber dormido en toda la noche. Solo por la misericordia y la gracia de Dios podía sentirme física y mentalmente lo suficientemente en forma como para tomar el examen, y mucho menos tratar de aprobarlo.

Paz en medio de la tormenta

Después de dos días de pruebas intensas, terminé mi examen y agradecí a Dios por la oportunidad.

Sabía que si era Su voluntad, aprobaría el examen y le pediría que me guiara, y si no, también sé que Dios tenía un plan. Tuve una extraña paz que se apoderó de mí. Curiosamente, experimenté esta misma sensación cuando fui detenido en el centro de detención de inmigrantes en el condado de Broward. En un monento cuando estaba detenido, llegue a sentir una paz indescriptible aun ante la posibilidad de ser deportado. Entendí que si Dios guiaba mis pasos, no había forma de que no saliera adelante sin importar dónde estuviera.

En ese momento, después de tomar el examen de la barra, logré conseguir un trabajo como asistente legal en una empresa de inmigración. Esta empresa estaba a una hora en coche de donde vivía, pero sin embargo, fue una bendición. No solo mejoré mis conocimientos en inmigración mientras trabajaba allí, sino que también aprendí más sobre el tratamiento correcto de los clientes y empleados, es decir, la administración de una oficina de abogados.

CAPÍTULO 20

El gran avance

Llegó el gran día. Los resultados estaban ahí. Ese día era un día de trabajo, pero al igual que con la otra empresa, me permitieron quedarme en casa hasta que viera los resultados. Por alguna razón desconocida, tenía canciones y sonidos sonando en mi cabeza todo el día. Uno fue "¿Por qué debería importarme?" de Oliver Company. La otra canción fue de Marcos Barrientos titulada "Grande es el Señor, Creador del Universo". También escuchaba en mi mente un sonido similar a una sirena de advertencia de huracán antes de recibir los resultados de mi examen de barra.

Actualicé la página y, junto con mi esposa, le pedí que orara. Oramos y oramos hasta que se publicaron los resultados. Busqué mi número, y para la gloria de Dios, ¡había pasado! Gritamos de alegría y lloramos. Entre lágrimas de alegría y los gritos, supe que Dios había cambiado mi destino. En ese momento, me había fortalecido. En ese momento, hubo un antes y un después. Me sentí como un volcán silenciado durante años que finalmente explotó y cuyas llamas apenas comenzaban a descender. En ese momento, comencé oficialmente mi carrera como abogado con licencia para ejercer la abogacía en los Estados Unidos. Sentí que "mi suerte había cambiado" y el destino lo cambió por completo. Era mi momento y el de aquellos a los que algún día tendría la alegría de representar.

Aceptación al Colegio de Abogados

Los días que siguieron a mi aceptación fueron días de celebración sin fin. Fui juramentado como abogado dos veces, primero en una cena privada con mi familia y colegas y luego nuevamente frente a los jueces del estado de Florida. Estaba orgulloso de mi progreso: no muchos años antes, era indocumentado, arrestado y retenido en dos centros de detención de inmigrantes. Ahora, no solo era ciudadano estadounidense, sino también un abogado con licencia para ejercer abogacia en los Estados Unidos. Apenas podía creerlo. La verdad es que si nunca hubiera experimentado la desgracia, no podría compartir mi testimonio de la gracia y fidelidad de Dios. Mi vida, una vez llena de humillación y derrota, ahora estaba llena de éxito gracias a Él.

Cuando anuncié que había aprobado el examen de la barra, la empresa donde trabajaba estaba muy feliz por mí. Después de que terminó la celebración, llegó el momento de hablar de cosas importantes y algo incómodas: cambios salariales, beneficios y más. Mi supervisor me dijo que mi salario solo comenzaría a aumentar después de que recibiera más capacitación, a pesar de que ya era un abogado con licencia.

Mi empleador era una buena persona, muy sabio y servicial en un momento en que lo necesitaba, pero era hora de seguir mi propio camino. Siempre había querido tener mi propia empresa con mi propia visión, pero tenía preguntas importantes que responder.

¿Con qué dinero iba a poner en marcha mi empresa? ¿Y si no fuera el momento adecuado? ¿Qué pasa si vuelvo a fallar? Este ciertamente iba a ser un paso arriesgado, pero mi esposa y yo pensamos: si no ahora, ¿cuándo sería el momento perfecto para dar ese paso? ¿Pasarían años antes de que me atreviera a abrir mi propia empresa?

Muchos abogados jóvenes no estan preparados para tener su propio negocio, y mucho menos su propio bufete de abogados. Pero me pregunté, ¿por qué no? Después de todos los tiempos difíciles por los que había pasado, me preguntaba por qué debería preocuparme por lo que la gente diría. Ya había tenido suficiente de preocuparme por lo que otros pensaban de mi carrera y mi vida. Ademas, en mi tiempo como estudiante de derecho, tuve la oportunidad especializarme en el area de inmigración, al mismo tiempo que trabaje para organizaciones sin fines de lucro que ayudan a los inmigrantes. Tambien, trabaje en varias oficinas legales que me permitieron obtener el conocimiento y la base para luego ejercer. Finalmente fue mi momento de brillar y atreverme a hacer algo un poco loco. Entonces, con una tarjeta de crédito, un poco de ahorros y mucho entusiasmo y fe, mi esposa y yo comenzamos nuestro propio negocio, ¡una firma de inmigración!

CAPÍTULO 21

Preámbulo de mi carrera

F irmé un contrato de arrendamiento para una oficina muy pequeña, de unos 300 pies cuadrados, que estaba escondida en Kendall, un municipio en el condado de Miami-Dade. En ese edificio, había varias oficinas pequeñas, como agencias de títulos de automóviles, negocios de computadoras, seguridad, servicios de impuestos e incluso servicios notariales. Para ahorrar costos, obtuvimos nuestras sillas y escritorios de la tienda de muebles usados de una universidad local, y compramos suministros de oficina a crédito. Entonces estábamos preparados para ayudar a nuestros clientes. Al principio, el flujo de clientes era lento, y muchos dudaban de que fuera un abogado. Supongo que fue por lo joven que me veía y el tamaño del espacio. La gente entraba, y cuando veían a mi esposa y a mí, en ese momento, mi única asistente, se daban la vuelta y se iban. Otros regresaban y preguntaban consternados: "¿Eres tú el abogado Jesús Reyes?" Incluso después de ofrecer consultas gratuitas, muchas personas decidieron no contratarme, pero no me rendiría.

Mi esposa comenzó a preocuparse porque las cosas no estaban mejorando después de que hicimos pequeñas campañas de mercadeo.

Mi hermano Marcos me había ayudado a diseñar una página web, y algunas personas vinieron como resultado. Aún así, no me contrataban.

Un día, una pareja venezolana vino a nuestra oficina para buscar ayuda en un caso de inmigración. Después de responder a sus preguntas, inesperadamente nos dijeron: "Ok, ¿cómo procedemos? Queremos contratarte".

En ese momento, casi les pregunté: "¿En serio?" Estaba tan lleno de alegría; fueron nuestros primeros clientes. Sin embargo, no lo sabían, y tampoco sabían que con el dinero que pagarían, apenas podíamos pagar el alquiler de la oficina y los gastos comerciales. De hecho, si no nos hubieran pagado ese día, no habríamos tenido prácticamente nada con lo que sobrevivir.

Además de ese primer cliente, tuve una entrevista en el programa de televisión "Un nuevo día" en la cadena Telemundo. Se trataba de mi experiencia como inmigrante indocumentado que se convirtió en abogado. Estaba muy nervioso cuando llegué al set. El estudio estaba lleno de luces con celebridades del entretenimiento, noticias y deportes, así como productores y asistentes que se movían para recibir invitados. A pesar de que estaba casi temblando, la entrevista salió bien. Hablé sobre mis antecedentes de inmigración y el milagro de no solo haber sido liberado, sino también de ejercer la abogacía. Después de ese aumento en la exposición y la confianza, contraté una estación de radio cristiana local llamada La Nueva para anunciar mis servicios legales. Este movimiento fue una gran bendición. Debido a nuestra conexión con esa estación y mi primera entrevista en Telemundo, además de las recomendaciones de clientes y amigos, pudimos comenzar a establecer nuestra firma y avanzar poco a poco.

Desde el principio, ofrecimos servicios legales de inmigración a precios razonables, como lo hacemos hoy. Estamos dedicados a hacer siempre nuestro mejor esfuerzo y ofrecer asistencia legal de calidad con compasión. Vemos que la empresa se utiliza como un instrumento para cambiar vidas, para poder traer fe y esperanza, y para lograr la posibilidad del sueño americano.

CAPÍTULO 22

Crecimiento exponencial

C omo todo principio, el comienzo fue difícil. Algunas semanas no cerramos un contrato, pero otras fueron mejores. Lo que nuestros primeros clientes nunca hubieran imaginado es que dependíamos de cada dólar que nos pagaban.

Fue nuestro primer negocio, y cometimos muchos errores. Entre ellos, no compramos el equipo y los servicios más efectivos y necesarios porque queríamos ahorrar dinero. Por ejemplo, nuestro servicio de Internet era muy lento, y por unos pocos dólares de ahorro, decidimos dejarlo así. Nuestros muebles eran de segunda mano, pero no nos dimos cuenta de que las apariencias importan a la mayoría de las personas. Mientras tanto, a medida que pasaba el tiempo, noté que las personas apreciaban un buen asesoramiento legal que podría cambiar su vida y la de su familia. Después de un tiempo, el trabajo era demasiado y no podía seguirle el ritmo. Tuve que contratar a mi primer asistente legal y luego a otro poco después.

Además de la buena reputación que crecía sobre el trabajo que mi esposa y yo estábamos haciendo, Dios comenzó a abrir puertas en diferentes medios. No solo estaba apareciendo en una estación cristiana local, también comencé a aparecer como invitado especial para discutir temas de inmigración en las redes de habla hispana más importantes, como Univisión y Telemundo. Experimenté una explosión de gracia y favor en los niveles más altos de los medios de comunicación, pero siempre recordé de dónde venía, cómo llegué allí y la promesa que una vez le hice a un detenido en el centro de detención, de que haría todo lo posible para salir adelante y ayudar a los demás.

He tenido la oportunidad de ser entrevistado por varias personalidades de la televisión, como la presentadora Rashel Díaz; el presentador Fernando del Rincón; el presentador Daniel Sarcos; la periodista Carolina Rosario; el presentador Héctor Sandarti; los presentadores y periodistas Jaime Bayle, Patricia Poleo, Carlos Acosta y Camilo Egaña de CNN, entre otros. Al principio, estas entrevistas me ponían nervioso, y aunque siempre estuve acostumbrado a hablar en público, la televisión era algo diferente. El solo hecho de saber que detrás de las cámaras no solo había cientos, sino millones de personas mirando y escuchando todo lo que decia y cómo lo decia, esto era una sensación abrumadora. Como todo, con el tiempo y la práctica, el miedo escénico se desvaneció. Dejé de centrarme en "cómo actuaba" o "cómo me veía", sino más bien en la información que estaba dando, ya que realmente quería que la gente entendiera lo que quería transmitir.

Experimenté una explosión de gracia y favor en las esferas más altas de los medios de comunicación mientras siempre recordaba de dónde venía, mis humildes comienzos. Me prometí a mí mismo que una vez que me convirtiera en abogado, siendo un detenido en el

Centro de Detención de Transición de Broward, haría todo lo posible para salir adelante y ayudar a los demás. Desde entonces, mi mayor éxito profesional ha sido ayudar a cientos de inmigrantes a alcanzar el sueño americano, ya sea a través de una visa, residencia, ciudadanía o alivio, como asilo o TPS. Hoy en día, tenemos un bufete de abogados exitoso con todo nuestro personal cuidadosamente seleccionado por los roles que tienen y que hacen todo lo posible para ayudar a otros a tener éxito.

Durante este tiempo, recibí algunas de las mejores noticias que pude recibir: iba a ser padre de nuevo. Esta vez, nos llegó la princesa rubia más hermosa del mundo, mi dulce hija Emma. Ella ha sido una bendición para Laura y para mí, así como para su hermana Abigail, quien ahora tendría una hermana y una amiga con quien compartir por el resto de sus vidas.

Aparte de mi vida personal, nunca pensé que la gente además de mi familia y vecinos me reconocerían. Debido a las maravillas de las redes sociales y los medios de comunicación, he estado en otras ciudades donde las personas me reconocen yagradecen mis consejos, informacion legal y mensajes de esperanza. Me encanta conocer gente nueva y aprender más sobre sus situaciones. Esa genuina calidez humana siempre ha sido muy especial para mí. Compartir con la gente, hablar de sus experiencias, y aprender un poco más sobre su cultura y forma de pensar, siempre han sido enriquecedores e importantes para mi crecimiento personal y profesional.

Mis aficiones y tiempo libre

Aunque me encanta la ley de inmigración y ayudar a las personas en esta rama del derecho, disfruto de muchas otras actividades. Por ejemplo, me gusta hacer ejercicio. La mayoría de mis fines de semana están reservados para mi familia: disfruto pasar tiempo con mi esposa e hijas, así como con el resto de mi familia. A menudo planeamos nuevas aventuras, ya sea para todo el fin de semana o quizás para viajes familiares extensos. ¡Yo también soy un amante de los animales! Disfruto mucho cuidar a mis mascotas. Asimismo, disfruto de las actividades al aire libre. Admirar la creación de Dios es uno de mis pasatiempos favoritos. Por último, disfruto de un buen servicio dominical en la iglesia, además de buenos mensajes de motivación. En cuanto a los deportes, aunque no lo practico, me encanta el boxeo. Por último, soy aficionado a temas relacionados con la exploración espacial. ¡Me encanta la luna, estrellas, y los cohetes espaciales!

Esencialmente, trato de disfrutar la vida al máximo y siempre trato de alegrar la vida de quienes me rodean. Intento divertirme a pesar de las situaciones a las que me enfrento. No importa la situación, creo que nunca está de más encontrar el humor y buscar disfrutar la vida en cualquier ambiente.

CAPÍTULO 23

Agradecido con Dios

Hoy, doy gracias a Dios por todo lo que mi equipo y yo hemos logrado. Nuestros clientes son literalmente de todo el mundo. Hemos ayudado a familias de toda América Latina, India, Jamaica, Australia, Irak, Vietnam, Sudáfrica, Israel y Brasil a alcanzar el sueño americano de esperanza y prosperidad.

No pasa un día que no dé gracias a Dios por sus bendiciones. Entre Sus bendiciones está la capacidad de trabajar en lo que amo y me apasiona. Aunque mi equipo de expertos legales ayuda en todo tipo de asuntos de inmigración, no puedo negar que tengo una pasión e interés por las personas que son indocumentadas en los Estados Unidos y quieren salir del anonimato. Me encanta ayudar a aquellas personas victimas de persecución en sus paises que dejan todo atrás para buscar asilo en los Estados Unidos. Me identifico con humildes inmigrantes que buscan refugio en EEUU, personas que lo arriesgan todo por un futuro mejor, que lamentablemente a veces son víctimas del maltrato y el rechazo de otros grupos.

Cuando veo a los hombres y mujeres trabajando duro en los campos agrícolas, me siento inspirado a seguir adelante por ellos. Trabajo para aquellos que, con el sudor de su frente y el peso de las frutas sobre sus hombros, lo dan todo para mantener a sus familias. Sé lo que se siente estar sin documentos legales y tener que esconderse en las sombras y tener miedo de trabajar o conducir debido a la posibilidad de ser arrestado y llevado a la cárcel. Sé lo aterrador que es conducir sin licencia y ver patrullas en el espejo y orar para que Dios me haga invisible.

No pretendo motivar a la gente a infringir la ley, pero si pretendemos que estos problemas no existen, nos estamos engañando a nosotros mismos. Me citaron una vez por conducir sin licencia, y pagué mi multa como dice la ley. De igual foma fui detenido en dos centros de detención de inmigración por falta de estatus legal. Sé lo que se siente estar sin documentos, y aún más, sé lo que se siente ser arrestado por inmigración, separado de mis seres queridos y pasar días en la cárcel. Esto no se lo deseo a nadie. Quiero ayudar a todos aquellos que están atrapados en tales situaciones a salir adelante, de una forma legal, a ser participes de este gran país de oportunidades, teniendo un estatus legal migratorio.

Retribuir

Retribuir es esencial, por lo que nuestra firma está comprometida a promover el desarrollo y el bienestar de nuestras comunidades. Entre las iniciativas que ofrece nuestra firma se encuentran seminarios gratuitos de inmigración, talleres de información sobre inmigración y distribución de alimentos a familias necesitadas. Además, tenemos la alegría de ser patrocinadores de becas estudiantiles; otorgamos becas a estudiantes en Miami-Dade College y en Liberty University cuyo trabajo comunitario y excelencia académica lo ameritan.

CAPÍTULO 24

Testimonios impactantes

A lo largo de los años de operación de un bufete de abogados de inmigración, estamos orgullosos de haber podido ayudar a muchas personas a alcanzar el sueño americano de diferentes maneras. Para algunos, el sueño americano es obtener la residencia legal permanente u obtener asilo aprobado. Para otros, el sueño ha sido obtener una visa de inversión o una visa de habilidad extraordinaria. Simplemente obtener alivio temporario, como TPS (Estatus de Protección Temporal) es el objetivo para otros. Lo más importante siempre ha sido que somos capaces de ayudar a todo tipo de personas en todo tipo de situaciones.

En todos los casos, hemos logrado un éxito tremendo, pero no siempre ha sido fácil. Disfrutamos de cada victoria para nuestros clientes y cada caso que hemos podido resolver, sin importar las circunstancias. Todos nuestros casos son muy especiales, pero algunos casos son más memorables e impactantes que otros. Muchos de estos casos están documentados en nuestra página web: www.jesusreyeslegal. com y en nuestro canal de YouTube: Jesús Reyes Legal.

Una batalla por la custodia

Uno de los casos más emotivos que hemos tenido fue el caso de una mujer llamada María de México. Este caso fue tan impresionante que la cadena Univisión hizo un especial sobre él. En el centro del caso estaba una madre mexicana de siete niños estadounidenses que había estado en el país durante 15 años como inmigrante indocumentado. Hicimos una petición familiar en nombre de su esposo, y después de que se le otorgó el indulto por estadía ilegal, la clienta solo tuvo que ir al consulado estadounidense en Ciudad Juárez, México. Después de la cita consular, en pocos días debería haber podido regresar como residente legal.

A la partida de María a Ciudad Juárez, comenzó su calvario. El oficial consular le negó la residencia en los Estados Unidos. En ese momento, la regla de carga pública estaba bajo una estricta aplicación, tanto que el gobierno estadounidense estaba dispuesto a separar a esta madre de sus hijos porque algunos creían que podría ser una carga para los contribuyentes y el gobierno estadounidense. Más casos como el de María estaban apareciendo en ese momento, debido a la aplicación sin precedentes de las leyes de carga pública en ese momento.

Lo que pensábamos que sería un caso de victoria segura se convirtió rápidamente en un infierno. María llamaba constantemente a nuestra oficina desde México desesperada. Su esposo, José, tuvo que cuidar de sus hijos. Después de varias semanas de intentar solucionar esto a nivel consular, José no pudo aguantar más y dejó a sus hijos al cuidado de una amiga y le pidió el divorcio a María. María, sin sus hijos y su matrimonio destruido, cayó en depresión pero no permitió que las circunstancias determinaran su futuro. Estuvimos en constante comunicación con el consulado tratando de hacerles ver la gravedad de la situación y explicarles qué ocurriría si esta madre no pudiera regresar al país para ver a sus hijos. Pero por mucho que intentáramos convencer a los funcionarios consulares de la necesidad de conceder a María la entrada y estancia legal, se negaron.

En medio de todo esto, los niños se enfermaron y dejaron de ir a la escuela. Me pregunté: ¿cómo pudo suceder esto? ¿Por qué los niños inocentes, que son ciudadanos de este país, tuvieron que pagar un precio tan alto? Aunque entiendo y respeto el compromiso de este país con la ley y el orden, me parece injusto que partes inocentes estén sujetas a las consecuencias.

En Romanos 13:1-4: "Que toda persona esté sujeta a las autoridades gobernantes, porque no hay autoridad sino de Dios, y las que existen son establecidas por Dios. Por lo tanto, quien se opone a la autoridad, la que es establecida por Dios, resiste; y los que se resisten, traen condenación sobre sí mismos. Porque los gobernantes no deben poner temor en el que hace el bien, sino en el que malvadamente hace el mal. ¿No tendrás miedo, por tanto, de la autoridad? Haz el bien, y tendrás alabanza de ello; porque es el siervo de Dios para tu bien. Pero si haces el mal, ten miedo; porque no lleva la espada en vano, porque es el siervo de Dios, un vengador para castigar al que hace el mal". A pesar de la clara guía de este pasaje, sé que Dios en su palabra habla de misericordia y de ayudar al prójimo, muchas veces, sin merecerlo, como los recaudadores de impuestos, fariseos e incluso criminales como los que fueron crucificados en la cruz junto con Jesus. En la Biblia, sin embargo, Dios siempre ha tenido un lugar muy especial para la viuda y el inmigrante. En Deuteronomio 10:19, la Biblia nos enseña que "Amarás al extranjero, porque fuiste extranjero en la tierra de Egipto". ¿Cómo conciliamos estas dos perspectivas?

Aquí es donde entra en juego la sabiduría y un análisis profundo de cada situación. Aunque María estuvo indocumentada durante 15 años, lo que algunos dirían que está mal, sé que durante esos 15 años su vida no fue fácil. Sé que las oportunidades de empleo y promoción que pudo obtener fueron muy limitadas. Ella no pudo estar allí cuando los miembros queridos de su familia murieron en su país. Y ahora perdió a su esposo y casi pierde a sus hijos. ¿No es suficiente ese castigo? Después de semanas de conversaciones y mociones especiales enviadas a diferentes autoridades de los Estados Unidos, incluido el consulado estadounidense en Ciudad Juárez, obtuvimos la documentación necesaria: un perdón especial para que esta madre regresara por la puerta principal como residente legal. Cuando finalmente logramos ayudar a María, ella no podía creerlo. A pesar de que pasó más de 15 años como inmigrante indocumentada, casi pierde a sus 7 hijos y su esposo la abandonó, Dios no la olvidó. Después de una ardua batalla legal y con la ayuda de Dios, ¡pudimos obtener una aprobación de residencia para María!

La llegada de María al Aeropuerto Internacional de Miami fue emotiva. Fue recibida por todos sus hijos, la mujer que ayudó a cuidarlos, uno de mis abogados asociados y un reportero de la cadena Univisión; la historia era tan especial que los medios querían cubrirla.

El reencuentro estuvo lleno de abrazos, lágrimas y mucho cariño, y sus hijos le trajeron flores que una mujer y una madre como María se merecían. Sé que tanto María como sus siete hijos siempre recordarán este momento.

En nuestras redes sociales, incluyendo nuestro sitio web, tenemos más detalles sobre esta reunión y otros testimonios similares que demuestran no solo los logros de nuestro equipo legal, sino también los logros de otros inmigrantes quienes aveces sus sueños se ven truncados por la falta de un estatus legal. Lo invitamos a ver los detalles del testimonio de María y otros en nuestro sitio web www.jesusreyeslegal. com o www.jesusreyeslaw.com.

Contra viento y marea

Otro de los testimonios conmovedores de nuestra oficina fue el de Jean Carlos, un joven venezolano a punto de ser deportado, quien obtuvo un alivio migratorio que menos del 5% de las personas obtienen. Los padres de Jean Carlos estaban involucrados en la política y sufrieron persecución política en su Venezuela natal. Aunque no fue víctima de persecución política directa, fue víctima indirectamente, y este fue nuestro principal argumento en su caso.

Este joven fue detenido en el Centro de Detención Transicional de Broward, donde una vez estuve detenido. José permaneció allí durante varios días sin ver a su familia. Sus familiares nos dijeron que estaba deprimido, que apenas comía, que no tenía coraje para continuar. Este joven, aunque fue víctima de persecución, vivió una vida normal y no tenía necesidades financieras. En detención, fue prácticamente etiquetado como un criminal, lo que le afectó mucho.

Para la última y decisiva audiencia judicial del caso de Jean Carlos, el fiscal de ICE que pidió su deportación estaba bien preparado y quería hacer todo lo posible para ganar el caso. Su argumento fue que el caso de Jean Carlos no merecía asilo porque el joven no era el blanco directo de la persecución. Nuestros argumentos eran todo lo contrario. Argumentamos que este niño no podía regresar a Venezuela porque se convertiría en blanco de ataques como los que había sufrido su padre. La familia también había sufrido amenazas de muerte, incluidas amenazas hacia la mascota de la familia. ¿Cómo podría el fiscal de ICE pensar que no era un objetivo directo?

Para empeorar las cosas, las posibilidades de aprobación de su caso no eran muy favorables: la tasa de aprobación de asilo de este juez era inferior al 5 por ciento. Recuerdo como si fuera ayer la tensión en la sala del tribunal cuando el juez estaba listo para tomar su decisión. Vi a Jean Carlos cerrar los ojos y orar. Sin mirar a Jean Carlos, el juez le preguntó a la fiscal si tenía alguna objeción. El fiscal, que podría haber pedido su deportación, aplazó la decisión al juez. El juez miró fijamente a mi cliente y al fiscal. Esos segundos fueron eternos: el futuro de este joven estaba literalmente en sus manos. Tenía que darle una orden de deportación o aprobar su petición de asilo, no había otra opción. Entonces el juez dijo: "Lo aprobaré. Sí, apruebo su solicitud de asilo", esto fue seguido por una efusión de emoción y alivio del joven. Sabía que su vida había cambiado allí. Me sentí orgulloso y feliz de haber sido parte de su caso y agradecido a Dios de saber que en situaciones de esperanza perdida, Él hace algo sin precedentes.

Como Jean Carlos estaba detenido, no tenía forma de comunicarse con su familia, que esperaba ansiosamente la decisión del juez. Cuando salí del tribunal, fui directamente al estacionamiento del centro de detención afuera para hacerles saber que el juez había aprobado la solicitud de Jean Carlos. Su padre y su abuela lloraron lágrimas de alegría, y todos celebramos abrazándonos y saltando de alegría, agradeciendo a Dios por su bondad en el estacionamiento del centro de detención.

El sueño americano no tiene fronteras

Nuestra firma ha sido capaz de ayudar a personas de diferentes culturas, naciones, creencias y razas. Esto nos ha llenado de gran alegría porque sé de primera mano lo importante que es lograr el sueño americano, y ese objetivo no depende de la raza o la cultura. Un ejemplo es una joven clienta vietnamita llamada Chang, que se quedó sin estatus migratorio y no había visto a sus padres durante muchos años. Deseaba poder verlos, pero sabía que si salía del país, tal vez no podría volver a entrar. Mientras estaba en Estados Unidos, había conocido al amor de su vida, John.

Siempre le he pedido a Dios que me dé la oportunidad de ayudar a personas de todas las culturas, nacionalidades y diferentes religiones. No solo me parece interesante aprender de una amplia gama de personas, sino que creo que es la clave para el progreso y la unidad entre los seres humanos. Chang confió en mi equipo, y queríamos honrar eso con todo nuestro esfuerzo, así que asesoramos su caso con todo lo que teníamos. Los resultados hablaron por sí solos: después de muchos años de no poder ver a sus padres, logró obtener la residencia permanente e inmediatamente planeó su visita.

Perdonado por el cielo y los hombres

El caso de Juan es muy particular. Es un líder en una iglesia cristiana con más de 15,000 miembros, y además de ser un cliente, Juan es alguien que conozco desde hace años. Juan sirvió a su comunidad de diferentes maneras, especialmente a través de la obra misionera, ayudando a las familias necesitadas a través de eventos comunitarios, o siendo un mentor y líder en su grupo bíblico.

Como todos nosotros, Gino no es perfecto. Hace años, tuvo un problema con la ley, y después de tanto tiempo, ese problema lo llevó a un proceso de deportación. Lo peculiar de este caso es que muchas personas estaban atentas a lo que iba a suceder, tanto que el pastor principal de la iglesia oró públicamente por Gino. El pastor le dijo a la congregación que sentía en su corazón que Dios le iba a dar la victoria a Juan. En ese mismo servicio, estuve presente. Por un lado, sentí alegría de que la victoria en este caso pareciera asegurada. Por otro lado, sentí una carga especial; a veces la duda se colaba y decía: "¿Qué pasa si pierdo su caso?" En ese momento, me di cuenta de que todavía estaba preocupado por el qué dirán y el miedo a la humillación pública. No había olvidado la sensación de reprobar el examen de la barra y saber que todos en el bufete de abogados donde trabajaba, mis profesores y mis antiguos compañeros de la universidad se enterarían.

A pesar de todo, otra voz me dijo que "confiara". Esa otra voz me recordó que las batallas no eran nuestras, sino de Dios, y si era Su voluntad, Él también haría el trabajo con Gino.

Tras meses de preparación, tanto en argumentos jurídicos como en preparación del caso y de testigos, llegó el juicio final. Para mi sorpresa, al entrar en la sala del tribunal, vi al mismo abogado que años antes había sido el fiscal en el juicio para negar una moción para terminar una orden de deportación para mis padres. No podía creerlo: el mismo abogado que fue clave para que mis padres permanecieran fuera de estatus era el mismo abogado que Gino y yo enfrentaríamos.

Llamé a este caso una "guerra santa" como una forma de describir la magnitud de lo que esto significaba para mí. No quiero decir que yo fuera el bueno y el otro abogado fuera el malo, porque todos hicimos nuestra debida diligencia al representar a nuestros respectivos clientes, yo representando a Juan y el otro abogado representando los intereses de ICE (la agencia que ejecuta las deportaciones).

El fiscal intentó convencer al juez para que deportara a Gino por un simple error. Hizo que Gino pareciera un criminal que no merecía quedarse en los Estados Unidos. Argumentó que Gino no debería ser parte de nuestra sociedad y que personas como él han tenido suficientes oportunidades para cambiar, pero él no ha cambiado. Las primeras palabras del fiscal fueron: "Su señoría, antes de comenzar, me gustaría hacerle saber que este caso ni siquiera tiene mérito para ser debatido en este honorable tribunal". Debates legales, objeciones, acusaciones, preguntas tras preguntas e innumerables testigos fueron parte de este caso, haciendo que el caso se sintiera como una película legal de Hollywood. Pero no era una película, era un caso de la vida real con repercusiones en la vida real. El resultado de este caso determinaría si Gino tendría estatus permanente y la posibilidad de obtener la residencia o si sería deportado a pesar de que no había estado en su país natal por más de 30 años. Gino, para mí, es alguien que refleja la gracia de Dios, y es un ejemplo de lo que alguien puede lograr cuando se le da una oportunidad.

Después de los argumentos finales, el juez finalmente tomó una decisión, pero fue una que no esperaba. "No habrá decisión hoy", anunció.

"¿Qué?" Me pregunté. Después de meses de preparación y una ardua batalla legal, no hubo decisión.

El juez dijo: "Reservaré mi decisión para otro día, por escrito".

Debido a que entiendo cómo funciona la ley de inmigración y las realidades que enfrentan los jueces, sé que este tipo de decisión no es común, especialmente dado a que los tribunales de inmigración están superpoblados. Un juez que decidiera no tomar una decisión en el mismo día era inusual. Sé que esto significaba que el juez aún no estaba convencido de cómo iba a fallar.

En ese momento, sentí la presión que los jueces a menudo experimentan. Los jueces generalmente se caracterizan como personas despiadadas y despóticas que deportan a los inmigrantes. Sin embargo, la mayoría de los jueces con los que he tenido la oportunidad de trabajar, aunque puedan pensar o decidir de manera diferente a como yo lo haría, son personas dedicadas y honestas que se preocupan por su trabajo y la justicia. Solo me puedo imaginar lo que debe sentirse al tener esa responsabilidad sobre ti. Doy mi respeto a los jueces de inmigración y fiscales.

Cuando recibimos la decisión por correo, grité de emoción. ¡Ganamos! Llamamos al cliente para decírselo. El ahogandose en lágrimas me preguntó: "¿estás jugando conmigo, es esto cierto?"

Ese día, Gino, un hombre dedicado a su iglesia y a su familia por encima de todo, no solo recibió el perdón que viene del cielo, sino también el perdón terrenal de las autoridades de inmigración de los Estados Unidos.

Roberto

Roberto, un ciudadano australiano, llegó legalmente a los Estados Unidos con una visa especial que requería una exención especial para solicitar la residencia. El tipo específico de exención que necesitaba es inusual y, a menudo, no está aprobado por las autoridades de inmigración. Hay ciertos tipos de visas que, independientemente de si la persona ha sido admitida legalmente en los Estados Unidos, no se pueden usar para solicitar la residencia o ajustar el estatus, incluso si la persona se casa con un ciudadano estadounidense. Hicimos todo lo posible para obtener esta exención, y en tiempo récord la obtuvimos. No solo obtuvimos la exención para Roberto, sino que también pudimos ayudarlo a obtener la residencia.

Al igual que el caso de la Sra. Chang, Roberto, al buscar asistencia legal, se guió por el buen historial de mi equipo legal y no necesariamente se centró en nuestras diferencias de raza, cultura o etnia. Para Roberto y para mí, lo más importante era que él lograra su sueño americano, tal como yo había logrado el mío.

Desde Haití con amor

Este fue un caso muy especial porque se trataba de un compañero de la universidad. Su nombre es Monthellier, original de Haití. Conocí a Monthellier mientras estudiaba justicia penal en Miami-Dade College. Siempre fue una persona humilde, alegre, amigable y estudiosa, y nunca había imaginado que tendría problemas de inmigración. De hecho, el caso de Monthellier, así como el de muchas otras personas que he conocido en mi vida, me han confirmado que una persona sin documentos no actúa ni se ve de una manera específica. Son personas comunes, como tú y como yo. Lo único que mantienen en secreto es su estatus migratorio y los problemas que pueden causarles.

Monthellier, que todavía estudiaba justicia penal en una universidad, como yo, no tenía estatus migratorio. Fue muy difícil para él salir adelante y progresar en sus objetivos. La frustración se apoderó de él, pero un día conoció al amor de su vida, y sin saberlo a través de ella tendría la oportunidad de regularizar su estatus migratorio y seguir adelante. Hoy Monthellier es un residente legal y permanente de los Estados Unidos.

Pastor de Honduras

Evangelista y pastor de Honduras, Escoto es un hombre amable dedicado a servir a su comunidad a través de la palabra de Dios y actos de bondad. Es uno de los principales pastores de una iglesia en Miami. Escoto había pasado por procedimientos anteriores en los que se le había negado la ciudadanía. Hicimos todo lo posible para que este pastor pudiera obtener su ciudadanía y así poder viajar libremente para compartir el mensaje del evangelio en todo el mundo. Fue un caso complejo, pero al final, logramos nuestro objetivo y le dimos a este pastor amable y carismático, con un gran corazón, la tan preciosa ciudadanía estadounidense.

Dos pájaros de un tiro

Ismael fue uno de nuestros clientes de Oriente Medio. Tuvo muchos problemas para tratar de obtener la residencia en los Estados Unidos: nos contrató para revisar su caso y determinamos que no había ninguna razón por la que se le hubiera negado la ciudadanía. Con mi equipo legal, hice todo lo posible para que Ismael pudiera obtener la residencia en los Estados Unidos y finalmente lo logramos. Como pudimos obtener la residencia para Ismael, también pudimos lograr que su esposa, María, que era originaria de México pero que había sido indocumentada en los Estados Unidos durante más de 10 años, regularizara su estado.

Cubano detenido en la frontera

El MPP, o el Protocolo de Protección al Migrante, cuando estaba en efecto dicho programa, fue una medida diseñada e implementada bajo la administración del presidente Trump donde los solicitantes de asilo en la frontera sur de los Estados Unidos deben esperar en México para sus audiencias de inmigración. Esto ha causado muchos problemas para aquellos que buscan asilo en los Estados Unidos, ya que obliga a las personas a esperar en refugios peligrosos o en lugares donde pueden ser blanco del crimen organizado y enfrentar problemas de salud mientras esperan sus audiencias de inmigración.

Para agregar más a las dificultades de asilo bajo el MPP, se estima que solo alrededor del 1-5% de los casos ganan asilo, lo que significa que la mayoría de los casos son denegados por falta de asistencia legal adecuada y a discreción de los funcionarios que siguen las políticas de "tolerancia cero" del expresidente Trump. Uno de esos casos fue el de nuestro cliente Pedro, quien, con muy pocas posibilidades de obtener asilo bajo este programa, sin embargo, logró obtenerlo. Hoy tiene un estatus legal discrecional en los Estados Unidos.

CAPÍTULO 25

La Caravana Migrante

Durante varios días a fines de 2018, escuché las noticias mientras cientos de familias se acercaban a los Estados Unidos para buscar refugio. Mientras escuchaba, también oí tvarias las teorías sobre la fuente de origen de esta "caravana". Algunos decian que quienes la formaron eran agentes pagados por gobiernos extranjeros para dañar a los Estados Unidos, mientras que otros declararon que eran "criminales" que huían de sus gobiernos. La gran mayoría de los medios de comunicación indicaban con precisión que esta caravana estaba compuesta en su mayoría por familias inmigrantes que buscaban un futuro mejor en los Estados Unidos, muchas huyendo de la violencia y de la miseria que experimentaban en sus países de origen y otros escapando persecución. Según los informes del Departamento de Estado de los Estados Unidos, la violencia relacionada con las pandillas ha sido un gran problema en los países centroamericanos. Del mismo modo, la persecución política en países como Cuba, Venezuela y Nicaragua ha creado un éxodo masivo de familias de esos países hacia los Estados Unidos en busca de libertad de la persecución política y en busca de una mejor calidad de vida.

Miembros de la Caravana

¿Quiénes venían en la Caravana de Inmigrantes? Familias desesperadas que buscaban refugio y arriesgaban sus vidas con la esperanza de lograr el sueño americano. Por eso la caravana me llamó la atención y me hizo sentir algo muy especial. Me sentía inquieto por hacer algo para ayudar, incluso de una manera pequeña. Estaba triste y frustrado al ver imágenes de niños asustados y tristes en refugios en la frontera entre Estados Unidos y México.

Pensé, ¿qué podría hacer al respecto? ¿Valia la pena hacer un viaje a México para tratar de ayudar a estas personas? "¡Estás loco!", me dijeron muchos, y honestamente, tenían razón. En ese momento, ya tenía una empresa bien establecida y, lo que es más importante, una familia que cuidar. No me atreví a dar ese paso, pero mi mente y mi corazón no me dejaron dormir pensando que tenía que ir allí. Me vino a la mente San Ysidro, que era el distrito de la ciudad de San Diego, California, justo al norte de México. Decidí que tenía que irme.

Ir a la frontera

Estaba muy interesado en asistir de alguna forma a inmigrantes que atravesaban por esta crisis humanitaria, pero no sabía qué hacer al respecto. Para comprender mejor las principales razones de la caravana, es necesario entender lo siguiente: Por un lado, varios países centroamericanos están pasando por problemas sociales y políticos muy críticos relacionados con el crimen organizado comúnmente conocido como "maras". Aunque la "Mara Salvatrucha" o "MS13" así como la "MS18" son pandillas con orígenes en Los Ángeles, California y El Salvador, el término "Mara" o "Marero" se ha convertido en sinónimo de pandilleros y personas que trabajan para el crimen organizado en otras áreas.

Países como Honduras, El Salvador, Guatemala y Nicaragua se han visto afectados por este problema sociopolítico, que las autoridades de dichos países han encontrado difícil o casi imposible de erradicar. Como resultado, miles de familias centroamericanas a lo largo de los años han llegado a la frontera sur de los Estados Unidos para buscar asilo. A partir de 2018, la situación empeoró; la violencia, el crimen organizado y la inutilidad y a veces incluso, la cooperación de las agencias de seguridad, junto con la falta de oportunidades en muchas partes de los países centroamericanos, han obligado a las familias a buscar un futuro mejor dirigiéndose hacia el norte. Por otro lado, la situación socio política en Venezuela, Cuba, Haití y Nicaragua también crearon otro éxodo masivo de ciudadanos de esos países hacia los Estados Unidos.

Como esposo y padre, mis responsabilidades principales son con mi familia, pero quería ir y ayudar a estas familias migrantes. Hablé de esto varias veces con mi esposa. Sé que al principio ella no estuvo muy de acuerdo con mi deseo, pero también sintió que era lo correcto y me apoyó incondicionalmente para ir a México y ayudarlas. La idea de lo que podría sucederme me aterrorizaba, pero creo que si Dios pone paz en nuestros corazones para una misión o decisión específica, él nos indica de varias maneras que eso es lo correcto.

El tío de mi esposa, a quien considero un tío propio, Javier, y yo decidimos ir a Tijuana por dos propósitos. Primero, quería asesorar a los futuros solicitantes de asilo sobre el sistema de asilo en los Estados Unidos, y segundo, queríamos documentar la situación de lo que estaba sucediendo en el refugio. Sabía que esta aventura, aunque era arriesgada, sería algo que cambiaría nuestras vidas. Sabía que íbamos a ser parte de un fenómeno que superó barreras y fronteras y que llamó la atención de millones de personas en todo el mundo. Quería estar en el centro de la acción. Quería tocar la historia con mis propias manos.

Viaje a Tijuana

Cuando llegamos al aeropuerto de San Diego, quería alquilar un coche básico. Lo último que quería era llamar la atención en un punto fronterizo y un refugio en México, pero para mi sorpresa, el auto que había alquilado no tenía cobertura de seguro en México. El único automóvil que habían asegurado era llamativo: plateado brillante y el último año modelo. No estaba contento con eso, porque quería que pasar desapercibido lo más posible. Pero era el único coche disponible, así que lo cogimos y nos dirigimos al hotel, contentos y emocionados por lo que íbamos a ver al día siguiente.

Cruzando a México

Por la mañana, preparamos nuestras cámaras y toda la información que íbamos a llevar a Tijuana, específicamente el albergue improvisado para inmigrantes localizado en el estadio Benito Juárez. Antes de partir de Miami, ya había coordinado mi llegada con uno de los gerentes del ayuntamiento, el Sr. Guillermo, quien amablemente se puso a disposición de nosotros. Le dije que era un abogado de inmigración en los Estados Unidos y que quería ayudar en el trabajo humanitario desde el punto de vista legal. Aunque la caravana tuvo mucha ayuda de organizaciones sin fines de lucro y del gobierno mexicano, sabía que la gente también necesitaba apoyo en el sector legal.

Después de detenernos para tomar el desayuno en Starbucks, nos dirigimos hacia México. Estaba emocionado pero lleno de preguntas: ¿cómo será el cruce? ¿Qué nos preguntarán los guardias fronterizos mexicanos? ¿Qué nos esperará al otro lado? Condujimos durante lo que parecían horas, y comenzaron a aparecer letreros al costado de la carretera que nos decían que nos estábamos acercando a México. Cuando estábamos muy cerca de la frontera, el camino estaba rodeado de altas vallas metálicas. Finalmente, vi un letrero muy grande que decía: 'Bienvenidos a México'. Ahí es donde comenzó nuestro viaje.

Aunque vi guardias fronterizos mexicanos, no fuimos revisados. Las personas de los Estados Unidos simplemente ingresan a territorio mexicano sin ningún control. Me sorprendieron las diferencias entre las ciudades de San Diego y Tijuana. Tan pronto como cruzamos la frontera, vi casas y edificios uno encima del otro y casas de ladrillo construidas sobre colinas y edificios, algunos muy modernos y otros deteriorados. Vi almacenes, tiendas, supermercados, farmacias y vendedores ambulantes en espacios estrechos. Me recordó un poco a mi infancia porque varios sectores de Caracas eran muy similares. Las carreteras eran diferentes de lo que son en los Estados Unidos; Vi autobuses públicos y motocicletas por todas partes y todos los letreros estaban en español. Aunque tiene sentido porque estábamos en México, hacía muchos años que no veía letreros en las calles en español, y me sorprendió un poco. También había muchos peatones, algo que no es común en los Estados Unidos a menos que vivas en grandes ciudades como Nueva York, Miami, Chicago o Los Ángeles. Javier estaba tomando fotos y filmando, documentando todo lo que veíamos. Nos fascinó lo que vimos en nuestro camino al refugio.

Refugio San Benito Juárez

Cuando llegamos al refugio, había personas fuera del perímetro que habían sido reclutadas por la policía y la milicia mexicana para proteger el refugio. Arriba, podíamos ver helicópteros volando; parecía que tanto los militares mexicanos como los estadounidenses estaban vigilando la situación. Parecía que estábamos en una película de acción.

Cuando nos acercamos al refugio, había una barricada instalada fuera del perímetro de seguridad que fue monitoreada por la Guardia Nacional Mexicana, carros blindados, policía y militares. Nos identificamos y le dijimos a la guardia nacional a quién íbamos a ver. Después de verificar nuestras credenciales, nos permitieron entrar y abrieron la barricada para dar paso a nuestro automóvil.

En el interior, no podía creer lo que veía: cientos y cientos de familias de refugiados, niños, hombres y mujeres deambulando. ¡Estábamos en el corazón de la caravana de migrantes! Vi largas filas de refugiados dentro del perímetro del ayuntamiento, donde los organizadores sin fines de lucro estaban dando desayuno y almuerzo.

Había pequeños puestos donde los voluntarios distribuían agua, café gratis y artículos de primera necesidad. Era muy peculiar ver a los vendedores ambulantes pertenecientes a la caravana vendiendo bolsas de papas fritas y pequeños frascos de salsa de tomate, mientras que otros vendedores vendían helados y donas. Entre los voluntarios y vendedores ambulantes, los inmigrantes necesitados merodeaban por todas partes, con cuidado de evitar a los soldados del ejército mexicano que custodiaban el perímetro. La tensión allí era palpable.

Había gente mendigando, sentada en las aceras y compartiendo un cigarrillo. Muchos estaban parados allí, perdidos en sus pensamientos. Los niños corrían por la calle, jugaban y reían a carcajadas, a pesar de todo lo que estaban pasando. Dentro del refugio habían muchas personas en tiendas de campaña, algunas en tiendas regulares y otras en tiendas de campaña hechas de bolsas de basura, todas apiladas una al lado de la otra. Familias enteras compartían pequeños espacios, a veces tres generaciones, todo en busca de una vida mejor. A un lado en el refugio había varias mangueras de agua colgando sobre una pared de concreto. Allí, a la intemperie y a la vista de todos, hombres, mujeres, niños y niñas se ducharon; las mujeres se bañaban en sus ropas junto con los niños y niñas. Los hombres se ducharon con la ropa interior puesta. La necesidad de ayuda era muy angustiante y preocupante.

En el ayuntamiento, Guillermo, el coordinador de voluntarios nos recibio con alegría y compartio con nosotros sobre el trabajo que hacían. Su propósito era ayudar a los inmigrantes que buscaban asilo en los Estados Unidos. Nos contó lo que estaba pasando y nos dio un recorrido por las instalaciones. Mientras Javier grababa, yo observaba lo que sucedía a nuestro alrededor. La amabilidad y hermandad del pueblo mexicano fue ejemplificada por los líderes del municipio de Tijuana, entre ellos Guillermo. Estas personas hicieron todo lo posible para albergar, cuidar, alimentar y satisfacer las necesidades básicas para que miles de personas de varios países pudieran, incluso en medio de una situación tan precaria, estar en las mejores condiciones posibles.

Parte de nuestro trabajo fue enseñar a los miembros de estas comunidades cómo funcionan las leyes de inmigración, específicamente sobre cómo buscar asilo en los Estados Unidos y qué esperar. Nos posicionamos fuera del ayuntamiento, pero dentro del perímetro vigilado donde la gente hacía cola para comida, bebidas y productos básicos. Las pancartas verticales le decían a la gente que yo era un abogado de inmigración. Poco a poco se fueron acercando, y se agruparon a mi alrededor para hacer preguntas. La mayoría de las preguntas fueron sobre cómo calificar para el asilo, los tipos de asilo, qué deberían hacer para obtenerlo y quién califica y quién no. Había una sorprendente falta de información entre ellos. Muchos se unieron a la caravana simplemente porque querían una mejor calidad de vida para ellos y su familia, mientras que otros huían de la persecución de las organizaciones criminales internacionales. La gente se sorprendió por la información que les estaba dando. Muchos me hicieron todo tipo de preguntas interesantes. Mientras hablaba, la gente continuó amontonándose a mi alrededor, algunos preguntando si su caso los calificaba para el asilo, mientras que otros preguntaban qué pasaría con ellos si no se les concedía asilo.

Hubo algunos que tuvieron casos muy interesantes. Por ejemplo, conocí a un hombre que hablaba un inglés perfecto y me dijo que creció en los Estados Unidos, pero que había sido deportado y quería regresar. Otros me dijeron que tenían parientes cercanos en los Estados Unidos y querían verlos de nuevo. Cada caso era muy diferente, pero la necesidad y la esperanza de un futuro mejor era universal. Además de enseñar sobre el sistema de asilo, también quería dar esperanza a las personas que estaban allí.

Nunca olvidaré la cantidad de niños que vi deambulando por allí. Recuerdo que le di una dona a una niña pequeña, y ella se la estaba comiendo lenta pero felizmente. Parecía feliz, pero lloraba al mismo tiempo: cuando le preguntamos por qué lloraba, dijo que era la primera vez que comía una dona, porque en su país no tenía nada que comer.

Asesoramiento Legal a la Caravana

Muchos pensaron que estaba loco por prestar mis conocimientos sobre leyes de inmigración a familias inmigrantes en la caravana. ¿No era esto un riesgo no solo para mi imagen, sino también para mi salud y bienestar físico? Sí me pasó por la cabeza varias veces, y me pregunté si tenían razón. Como inmigrante y como abogado de inmigración que entiende las necesidades del inmigrante, sé lo importante que es buscar un futuro mejor para nosotros y nuestros seres queridos. Entendiendo las necesidades que tenía la gente y observando a las familias en la caravana, sentí que en ese momento no había ningún lugar en la Tierra en el que quisiera estar más que en ese ayuntamiento.

Este es uno de los puntos más importantes de mi carrera como profesional, pero también como ser humano. Por otro lado, fue de suma importancia para mi, poder informar a futuros solicitantes de asilo, lo que pudieran esperar en su futuro proceso migratorio en EEUU y poder ademas disipar dudas generales sobre el asilo.

Aunque ese trabajo no me iba a dar ganancias monetarias, su valor superó eso: la esperanza de la gente, el tesoro de información que les di y los rostros de esas familias valen todo. Estando allí, durante la crisis y la desesperación, trayendo no solo información legal sino también palabras de aliento, lo fue todo. Esta experiencia fue algo que trascendió mi carrera y sé que será una experiencia que les contaré a mis hijas y, si Dios quiere, a mis nietos y generaciones futuras.

Tiempo libre en Tijuana

Estuvimos en el ayuntamiento todo el día. Durante las horas de almuerzo, Javier y yo nos arriesgamos y salimos del perímetro de seguridad para buscar un lugar para comer en Tijuana. Después de conducir unas cuadras, vimos un restaurante de comida tipica. Me llamó la atención el contraste entre el ayuntamiento y el lugar donde íbamos a comer: era lujoso y llamativo, y las personas bien arregladas comían en parejas y con sus familias. La comida era única. Me sorprendió mucho el contraste entre las dos: había una crisis humanitaria a solo unas cuadras de distancia, pero aquí, la vida continuaba con normalidad. Comimos rápidamente para seguir con nuestro trabajo. Volvimos al ayuntamiento, y continué hablando con los inmigrantes esperanzados mientras Javier seguía grabando, tomando fotos y entrevistando a la gente.

Perseverancia y fe en medio de la crisis

Una de las cosas que más me llamó la atención en esta crisis fue la fe de la gente. ¿Cómo podrían no tener una fe fuerte cuando muchos arriesgaron sus vidas y su bienestar, cruzando varios países para llegar allí? Algunos lo hacían a pie, otros en autobuses, pero al final, era un camino peligroso para todos. Se sabe que, al cruzar fronteras para llegar a Estados Unidos, muchas familias inmigrantes han sido víctimas de extorsión, secuestro, violación e incluso asesinato. Pero esto no impidió que muchos se dirigieran al norte en busca de un futuro mejor.

En el ayuntamiento, grupos cristianos se reunían con los inmigrantes para orar. Tanto grupos pequeños como grandes oraban y hacían súplicas dirigidas al cielo. Una noche, muchas personas se reunieron con velas, y, en un coro de canciones y oraciones dirigidas por un pastor evangélico, oraron al Dios del cielo por un milagro. Este momento me impactó mucho porque, aunque soy una persona que creció en la iglesia y era común ver a la gente adorando a Dios o cantando himnos de alabanza o canciones religiosas, era algo muy diferente ver a tanta gente necesitada cantando, adorando y orando con tanto fervor. Esto me recordó las reuniones de oración que se llevaron a cabo en el centro de detención del Centro de Transición de Broward, que ocurrían varias veces a lo largo del día. Por las tardes y temprano en la mañana eran particularmente intensos. Comunidades de diferentes países se unían y buscaban la guía divina para seguir adelante. Del mismo modo, en Tijuana, grupos de inmigrantes y voluntarios se reunían dentro del perímetro de seguridad para orar, buscar a Dios o predicar.

No hay una imagen perfecta

Según lo que presencié, la caravana de migrantes no estaba compuesta por grupos de intereses especiales o bandas criminales, pero noté que había "agitadores". Los "agitadores", en lugar de motivar a otros a ir a los Estados Unidos en paz y siguiendo las reglas establecidas para solicitar asilo, clamaban por entrar, incluso sin autorización para ingresar al país. En el segundo día de nuestra visita al ayuntamiento, se estaba organizando una marcha hacia la frontera para "exigir la entrada". La gran mayoría eran hombres jóvenes, quienes, tal vez por desesperación y tal vez por el deseo de retar a las autoridades estadounidenses con desafíos y a gritos, fueron a la frontera de los Estados Unidos a pie. Varias de estas personas formularon planes para ingresar ilegalmente a los Estados Unidos, costara lo que costara. En resumen, sucedió una de las cosas que temía que iba a suceder: ciertos miembros de la caravana, aunque minoritarios, empañarían el esfuerzo y la buena voluntad de muchas familias que solo querían venir a Estados Unidos para un futuro mejor y no querían desafiar a las autoridades ni causar desórdenes públicos. Además, no quería ser asociado con estos agitadores y temía que esto pudiera suceder.

Un Evento Sin Precedentes

Mientras los jóvenes manifestantes marchaban hacia la frontera, me quedé en el ayuntamiento, donde tuve la oportunidad de hablar de mi experiencia con los medios de comunicación. Reporteros de Finlandia, México, España, Chile y Estados Unidos, entre otros países, me preguntaron sobre mis experiencias, la razón por la que estaba allí y mi asesoramiento legal para la situación. Cuando no estábamos cubriendo lo que estaba sucediendo con las familias inmigrantes en el refugio, íbamos a la ciudad para explorar, incluso a Tijuana Beach, que estaba justo en la frontera entre los Estados Unidos y México. De hecho, como abogado de inmigración, sentí que ésta era mi "Meca", un lugar donde cada abogado de inmigración debería ir al menos una vez en su vida. Esas famosas barreras llenas de grafiti y coloridos mensajes de amor y esperanza, fue el punto exacto donde muchos sueños comenzaron y otros terminaron. La importancia de ese punto es indiscutible.

Desde el ayuntamiento hasta la playa de Tijuana fueron aproximadamente 15 minutos. Perdimos la conexión GPS en el camino y tuvimos que adivinar nuestro camino a la playa, pasando por barrios pobres de la ciudad, que no parecían seguros en absoluto. Para empeorar las cosas, estábamos conduciendo un automóvil último modelo porque era el que la agencia de viajes en San Diego me había dado. Iba lo más rápido posible, solo tratando de seguir moviéndome y diciéndome mentalmente que no iba a ver nada ni a nadie que me impidiera llegar a la playa de Tijuana. Una vez allí, pudimos disfrutar de hermosas vistas del Océano Pacífico. Parecía majestuoso. Las familias jugaban en la arena y su alegría era palpable. Compré pequeños regalos de Tijuana para mi familia a los vendedores ambulantes, y también aproveché y disfruté de la cocina mexicana en ese lado del país. Fue una experiencia muy bonita y espero volver a repetirla.

Cierre de fronteras

Al final de nuestro segundo día en México, nos preparamos para regresar a EEUU. Nos enteramos de que los agitadores que intentaron ingresar a los Estados Unidos por la fuerza incluso arrojaron piedras a los oficiales de inmigración de los Estados Unidos y a la policía mexicana. Estalló el caos.

La noticia se difundió sobre la situación cerca del punto de entrada de San Ysidro. Familias enteras comenzaron a correr hacia el norte mientras otras desafiaban a las autoridades. La situación se hizo tan intensa que el entonces presidente Trump declaró una emergencia y cerró totalmente las fronteras entre Estados Unidos y México. Habíamos planeado regresar a San Diego en ese momento, pero con este decreto de emergencia, miles de ciudadanos estadounidenses y residentes legales quedaron varados en México. El comercio en uno de los pasos fronterizos más grandes y congestionados del mundo estaba completamente paralizado. Después de esperar varias horas, nos dimos cuenta de que no regresaríamos ese día a los Estados Unidos. Traté de mantener la calma y saber que, de una manera u otra, Dios tenía un plan, y que pronto todo esto estaría en el pasado.

Cerca del puerto de entrada de San Ysidro, había un puente donde se podía ver todo lo que estaba sucediendo en detalle. Los guardias de la patrulla fronteriza de Estados Unidos colocaron barreras y alambre de púas alrededor de las entradas. Se levantaron barricadas y varios guardias con escudos protectores caminaban por toda la zona. Los helicópteros hacían vueltas arriba. En el lado mexicano de la frontera, había algunos comerciantes callejeros quejándose de lo que estaba pasando. Las economías de las ciudades fronterizas dependen del comercio y el turismo de los Estados Unidos: antes de ingresar a los Estados Unidos desde Tijuana, los transeúntes encontrarán docenas de vendedores ambulantes que bordean la carretera. De hecho, muchas tiendas están ubicadas estratégicamente a los lados del puente que conecta Tijuana con San Diego. En estas tiendas, venden de todo: juguetes, arte, ropa, helados, comida, dibujos, licores. Cualquier cosa que puedas imaginar se puede comprar a lo largo de la carretera. Compré un hermoso juego de vasos de barro y una jarra típica mexicana hecha a mano. Pero todo esto se detuvo cuando cerraron la frontera, y lo que quedaba ni siquiera era una sombra de lo que normalmente se veía en esa ciudad. Además de la irritación de los vendedores ambulantes, los inmigrantes que querían obtener asilo en los Estados Unidos estaban igualmente molestos por la situación, que también afectó a muchos residentes legales y ciudadanos estadounidenses que no podían regresar a los Estados Unidos.

Yo pensé en alquilar una habitación de hotel en la zona, pero decidimos esperar hasta más tarde. Después de unas horas de espera, nos dirigimos a otro punto de entrada, Otay Mesa, pero allí ocurría lo mismo y las colas para regresar duraban horas. Continuamos conduciendo y descubrimos que en los otros puertos de entrada, las filas continuaban por millas y millas hasta que los autos llenaron la carretera. Decidimos regresar y esperar, si la frontera no se abría esa noche, no tendríamos más remedio que quedarnos en Tijuana hasta el día siguiente. Decidimos que debíamos esperar en la fila para ingresar a los Estados Unidos por fe. Todavía no habían abierto la frontera, pero sabía que en cualquier momento iban a hacerlo, y cuando ese momento sucediera, quería estar listo. Tarde esa noche, abrieron las fronteras, y poco a poco fueron dejando entrar autos a los Estados Unidos. Sentí mucho alivio en ese momento al saber que iba a volver a casa.

Hice recuerdos inolvidables en ese viaje a Tijuana. Entre ellos había recuerdos de familias que hicieron todo lo posible para darles a ellos y a sus seres queridos un futuro mejor, y de personas que voluntariamente dieron una mano a los necesitados, especialmente Guillermo, quien nos recibió con gran cordialidad y siempre estuvo disponible para atendernos. También nos permitió documentar lo que estaba sucediendo allí. Regresé a los Estados Unidos feliz. La amabilidad del pueblo mexicano era palpable: los servidores de los restaurantes donde tuve la dicha de probar la cocina tradicional mexicana, así como los agentes de la ley, voluntarios, coordinadores.

Lo más importante del viaje fue nuestra capacidad para obtener pruebas de lo que estaba sucediendo en la frontera. Estas familias desesperadas eran muy amables, muchas con buenas intenciones y desafortunadamente carentes de conocimiento del sistema legal de los

Estados Unidos. Valió la pena aconsejar y mostrar al mundo un punto de vista diferente que muchas de las principales cadenas de noticias no transmitían. Si bien ciertamente había agitadores y personas con malas intenciones, estaba claro que la mayoría de ellos solo querían un futuro mejor y salir de la miseria en la que vivían. Salí del campamento feliz, porque sabía que el objetivo de educar a la mayor cantidad de personas posible sobre el sistema legal de los Estados Unidos con respecto al asilo, se había logrado. Mientras documentábamos lo que experimentamos allí, capturamos la realidad de muchos que desean lograr el tan valioso sueño americano. Fue un privilegio haber estado allí en momentos tan importantes.

En Tijuana, toqué la historia con mis manos, y sentí que era parte de esa historia. De esta situación, tenemos un documental en nuestra web y en nuestro canal de YouTube: Jesús Reyes Legal.

Crisis de refugiados en Cúcuta

Al regresar a los Estados Unidos, me propuse continuar trabajando y haciendo todo lo posible para ayudar a mis clientes a ganar sus casos de inmigración. A medida que el número de casos aumentaba, también lo hizo el número de casos que ganábamos. Comencé a ver la necesidad de contratar a personas más experimentadas en mi oficina de abogados. A medida que mi equipo se expandía, me llenaba de alegría porque podíamos ayudar a más personas.

En ese momento, comenzó a difundirse la noticia de que el régimen ilegítimo de Nicolás Maduro en Venezuela había atacado a ciudadanos del país. Salió a la luz que los sistemas de salud y alimentos también habían colapsado en Venezuela, lo que causó que el pueblo venezolano pasara hambre y cayera enfermo. Venezuela ya estaba experimentando una miríada de problemas sociopolíticos, incluyendo hiperinflación, corrupción y altas tasas de criminalidad, y muchos de estos problemas eran sancionados o perpetrados por el propio gobierno.

Luego, y aún más horrible, comenzaron a difundirse noticias en los medios de comunicación y en línea de que los niños comenzaban a morirse de hambre. Pocos pueden olvidar las imágenes de personas llorando de hambre y desesperación. No podía creer cómo un ser humano podía permitir tanto mal, y pienso que cualquier gobernante de un país que permite que muera su propio pueblo como resultado de la falta de alimentos o medicinas, es malvado (aunque pienso no exento a la misericordia y el perdon de Dios siempre y cuando exista un arrepentimineto genuino y rinda cuentas por sus acciones). No entiendo cómo las personas más inocentes, incluidos los niños, los ancianos y los discapacitados, tengan que sufrir por el egoísmo, el despotismo, la codicia y la maldad de un grupo de personas que estan acostumbradas a la riqueza y al poder ilegítimo. La situación era escandalosa, y la crisis humanitaria en Venezuela resultó en un éxodo masivo de Venezolanos a Colombia y los países vecinos. La conmoción de lo que estaba sucediendo en Venezuela fue tan grande que países de todo el mundo, principalmente los Estados Unidos, enviaron ayuda humanitaria y dinero a los refugiados venezolanos solo para que el régimen socialista de Maduro quemara estos suministros.

Mientras todo esto sucedía, me pregunté repetidamente: ¿qué puedo hacer? Me sentí impotente y sabía que tenía que hacer algo al respecto. Le conté a mi esposa sobre mis planes y su rostro estaba preocupado, era obvio. Como es mi mejor amiga, sabe que cuando tengo deseos como este, no puedo dormir hasta que actúo, aunque la idea suene loca. Después de pensar y orar mucho, sentí paz para ir a Colombia y ayudar.

Viaje a Colombia: Destino Cúcuta

Antes de viajar a Colombia, traté de ponerme en contacto con personas en el país que pudieran decirme cómo ayudar a los refugiados venezolanos allí. Este proceso fue difícil porque no había información clara sobre la situación. Llegué a contactar a algunas personas a través de las redes sociales, pero fue de poca ayuda. No pude conseguir a alguien que me orientara para tratar de ayudar legalmente a los refugiados en la ciudad colombiana de Cúcuta. Después de horas de búsqueda y contactos, finalmente pude conseguir a alguien que pudiera ayudarme a darle una mano a mis hermanos y hermanas en Venezuela. Su nombre es el Padre David, líder espiritual y director del albergue llamado Casa de Paseo Divina Providencia, de la Diócesis Católica de Cúcuta, Norte de Santander, Colombia. Me explicó las diferentes formas en que podía ayudar en el trabajo que estaba haciendo el refugio; su misión era como la mía, ayudar a inmigrantes y refugiados en Colombia.

Antes de llegar a Cúcuta, me detuve en Bogotá, Colombia. Recordé lo mucho que esa ciudad me recordaba a las ciudades de Venezuela. Al llegar a mi hotel, me sorprendió gratamente que los capitanes del vuelo y todas las azafatas se alojaran en el mismo hotel que yo. Aproveché la oportunidad para hablar con ellos y tomar fotos antes de ir a mi suite.

Experiencia en el refugio

Cúcuta tiene una historia que es personalmente muy significativa. Hace muchos años, mi abuela, oriunda de Cúcuta, y mi abuelo venezolano se enamoraron. Mi abuela decidió dejar su ciudad natal colombiana para mudarse a Caracas, y allí formaron una familia. También fue en Cúcuta, donde el general Santander y el libertador Simón Bolívar crearon el preámbulo de las constituciones de Colombia y Venezuela. Ahora, en esa misma ciudad, cientos de miles de familias venezolanas buscaban refugio. La historia y las circunstancias han cambiado la vida de las personas en ambos países.

Antes de entrar en el refugio, pasamos por pequeños pueblos. Había gente por todas partes, caminando en todas direcciones, con bolsas de productos para vender o comprar. Muchos gritaban "¡trochas! trochas!" publicaciones de rutas clandestinas, a cambio de dinero, que permitían a la gente ir y venir de Venezuela ilegalmente.

En este viaje, Javier también me acompañó. Llegamos al refugio, y con su cámara en la mano, ayudó a grabar y tomar fotos de todo lo que sucedió allí. En el refugio, conocí al padre David, y charlamos un rato como si nos conociéramos desde hace años. Me dio un recorrido por el refugio antes de llevarme a su oficina, donde me explicó más sobre su trabajo, cómo ayudaban a las personas y la historia de la ciudad. Allí, hicimos una donación especial a la diócesis y nos pusimos a su disposición para ayudar. Ya había varios voluntarios, y entre todos hicimos cientos de platos de comida para los que estaban en el refugio. Cortamos verduras, frutas, carnes y todo lo que estaba en el menú para comer ese día. Tuve la oportunidad de conocer a muchos de los refugiados mientras repartíamos platos. Hablamos de lo que los hizo emigrar a Colombia, su familia, sus deseos y su vida cotidiana. Muchos nos contaron cómo se sentían acerca de lo que estaba sucediendo y el mensaje que tenían para el mundo. Querían explicar al mundo cómo era el régimen de Nicolás Maduro, cómo el socialismo estaba afectando a las personas dentro y fuera de Venezuela, y cuán agradecidos estaban con el resto del mundo por su ayuda en la crisis.

Las voces en Cúcuta

Había muchas madres desesperadas y personas con problemas de salud o discapacidades físicas en el refugio, todas buscando ayuda. Vi la mano de Dios a través de voluntarios y personas que lo daban todo para ayudar a los refugiados. De hecho, el versículo de la Biblia en el logotipo de mi empresa es de Deuteronomio 10:19: "Amarás al extranjero, porque fuiste extranjero en la tierra de Egipto". Tuve la oportunidad de escuchar muchos testimonios de personas que compartieron sus experiencias. Uno de ellos que me llamó la atención fue el de un soldado que desertó del el régimen socialista en Venezuela. Me dijo que nunca se pondría el uniforme del régimen para "hacer daño" a su propio pueblo. Este soldado, con orgullo, me mostró sus credenciales como soldado en Venezuela. Conocí a madres con niños que vivían de la misericordia y la ayuda de otros. Iba todos los días con sus hijos a buscar comida y buscaba en las calles cada noche para encontrar un lugar donde dormir.

Uno de los casos que más me impactó fue el de un joven discapacitado cuya hermana lo había traído del estado Táchira en Venezuela a Cúcuta. Este joven era trasladado en silla de ruedas por barrios peligrosos y por caminos clandestinos o "trochas" todos los días para que ella y su hermano pudieran recibir comida y la ayuda necesaria. Su hermana era baja y delgada, pero tenía un gran corazón lleno de determinación y fuerza mucho mayor que su físico. Ella arriesgó todo para conseguirle a su hermano lo que necesitaba.

Aunque nuestra ayuda fue puramente humanitaria y no de naturaleza legal, me sentí bien estando allí. Sentí que estaba cumpliendo con mi deber como ser humano de ayudar a las personas necesitadas y dar esperanza y fe.

Enfrentamiento con la Guardia Nacional Bolivariana

Uno de los principales puentes de entrada entre Venezuela y Colombia es el Puente Internacional Simón Bolívar que une el Estado de Táchira, Venezuela, con la ciudad de Cúcuta, Colombia. En el segundo día de nuestra visita a Cúcuta, quise dar un paso más hacia la realidad de la crisis migratoria. Fui al Puente Simón Bolívar para ver qué estaba pasando allí. A los coches no se les permitía pasar por el puente porque había un gran contenedor de carga que bloqueaba la carretera y no dejaba pasar a nadie. El contenedor tenía una pancarta que decía "La violencia, la destrucción, la muerte y la sangre no son cosas de Dios". El contenedor había sido colocado por el régimen socialista de Nicolas Maduro para impedir que la ayuda humanitaria ingresara al país. Me enfermó ver la forma en que el régimen usaba el nombre de Dios para justificar su maldad.

Comencé a tomar fotos y videos en el puente. Todo lo que estaba sucediendo allí me fascinó. A un lado del puente, vi gente comprando y vendiendo cosas. Del otro lado, había edificios que eran muy similares a los del lado colombiano, pero con la bandera venezolana izada. Cientos de personas iban y venían con bolsas de supermercado llenas de productos; el cruce ilegal de personas por medio de "trochas" o senderos clandestinos, era algo comun.

Cuando llegué al puente, a pocos metros de distancia había otro grupo de soldados que supuse que eran soldados colombianos. Sus uniformes se parecían a los soldados que custodiaban el puente fronterizo en el lado colombiano. Para mi sorpresa, estos soldados fueron agresivos y me exigieron que dejara de filmar, y se acercaron a mí en un intento de tomar mi cámara. Ingenuamente, todavía pensaba que estaba en Colombia, no me di cuenta de que ya había cruzado a Venezuela, y que técnicamente, después de más de 20 años de ausencia, había regresado a mi país de origen. Sin embargo, ciertamente no tenía la intención de regresar de esta manera, casi siendo arrestado y confiscando mi teléfono celular. Rápidamente regresé a territorio colombiano.

Mi intención no era regresar a Venezuela para desafiar a sus soldados, sino más bien ayudar a los refugiados en Colombia. Sin embargo, allí estaba yo, cara a cara con las personas que representan a un gobierno que había quitado los sueños y la esperanza de muchos seres humanos. Sentí que tenía que hacer algo al respecto. Con la adrenalina bombeando y ya estando del lado colombiano, oré y le pedí a Dios que me guiara para decir unas palabras a los oficiales que estaban allí. Elegí no insultarlos, aunque las ganas no faltaban. En cambio, los confronté con amor y les recordé que habían hecho una promesa de ser personas de valor y honor, y que ser participantes en las atrocidades del régimen de Maduro era contrario a los juramentos que tomaron. Les dije que tarde o temprano, la vida les iba a pasar factura. Esas palabras salieron de mí instantáneamente en el momento después de pedirle a Dios sabiduría y guía. No tienes que ser religioso o espiritual para saber que hay leyes naturales y sobrenaturales que operan en la vida. Por ejemplo, uno siempre cosecha lo que siembra. Cuando me enfrenté a los oficiales, que solo unos momentos antes estaban a punto de arrestarme y confiscar mi teléfono celular, simplemente se quedaron allí y fingieron no escuchar.

Regresé a la cabina donde el conductor y Javier esperaron poco después, y me enteré de que estaban muy preocupados porque había estado incomunicado durante más de una hora sin ninguna señal de teléfono celular. Lo que pensé que había durado solo unos minutos había durado mucho más, pero era algo que tenía que suceder. Doy gracias a Dios por haber podido confrontar a los miembros de la Guardia Nacional Bolivariana y, de hecho, al régimen de Maduro con la verdad. Estoy seguro de que Venezuela cambiará y que Dios hará un milagro en un país tan hermoso. Estoy convencido de que los líderes políticos sin escrúpulos no definen la calidad del pueblo venezolano y lo hermoso que es este país sudamericano. Durante muchos años,

Venezuela acogió a inmigrantes de muchas naciones, y ahora era el turno de su pueblo de ser acogido en otros lugares en busca de libertad.

Visita familiar y un toque de historia

Mientras estuve en Cúcuta, tuve la oportunidad de visitar a la familia que tengo en la ciudad. A pesar de la distancia y el tiempo, cuando nos conocimos, parecía que no había pasado el tiempo. Fuimos a un restaurante, y nos lo pasamos muy bien riendo y compartiendo historias de viejos tiempos juntos.

Al día siguiente visité sitios históricos en Cúcuta: la hacienda del General Santander, la plaza de Simón Bolívar y otros sitios históricos cuya importancia tanto para Colombia como para Venezuela fue de gran magnitud. Cúcuta fue clave para la liberación e independencia de Colombia y Venezuela. Aunque no es una ciudad tan turística como Cartagena, Barranquilla o Bogotá, considero a Cúcuta un lugar muy especial. Así terminó mi recorrido por Cúcuta, y con él, terminó otra experiencia inolvidable. Creo que, aunque Dios nos bendiga con su provisión, es una obligación usar nuestros talentos para el beneficio de los demás. Aunque no hay nada de malo en buscar la prosperidad, incluyendo la estabilidad financiera, es bueno que el alma sea consciente de la necesidad de los demás y tome medidas al respecto. Cúcuta me dio la oportunidad de hacer esto para docenas de mis hermanos y hermanas venezolanos en esa ciudad. ¡Espero verte pronto, hermosa Cúcuta!

Venezolanos buscan refugio en la frontera entre Estados Unidos y México

Atrás quedaron los días en que las solicitudes de asilo en la frontera entre México y Estados Unidos eran lideradas por ciudadanos de países centroamericanos y México. Hoy, Venezuela encabeza la lista entre los países cuyo mayor número de solicitantes piden asilo, refugio y protección humanitaria en la frontera mexicano-estadounidense ante funcionarios de inmigración de Estados Unidos. Ya sea tomando vuelos a México, llegando en autobuses a puntos fronterizos o caminando clandestinamente por caminos peligrosos hacia México, las familias venezolanas han huido hacia el norte para buscar, no solo la libertad política que anhelan, sino también una mejor calidad de vida. La diáspora venezolana ha llegado a todos los continentes de la tierra, especialmente a Europa y América del Norte.

Aunque la situación sociopolítica en mi país de origen es desafortunada, todavía tengo hermosos recuerdos de infancia y una profunda conciencia de la importancia que Venezuela ha jugado en el mundo. Disfruto del espíritu de coraje y valentía de su pueblo y mantengo la esperanza de que algún día, Venezuela, el lugar de nacimiento del Libertador Simón Bolívar, también será el epicentro de la libertad y los derechos humanos en América Latina. También tengo la esperanza de que no solo Venezuela, sino también países hermanos como Cuba y Nicaragua, sean naciones libres que permitan a sus habitantes desarrollar su potencial dado por Dios salvaguardando sus derechos humanos.

CAPÍTULO 27

Temas polémicos

Aunque en este libro no intento convencer a nadie de la moralidad de ciertos temas controversiales, sí creo que es importante discutirlos. El principal de estos temas es la controversia incesante de los inmigrantes indocumentados que vienen a los Estados Unidos. Es necesario que nuestras opiniones se basen en nuestra moral, algo que trasciende las leyes. Para mí y para aquellos que fundaron este país, incuestionablemente esa moral se basó en principios bíblicos.

¿Qué dice la Palabra de Dios acerca de la inmigración, y más específicamente, la inmigración indocumentada? La Biblia nos enseña que Dios tiene un corazón especial para los inmigrantes, específicamente en el libro de Deuteronomio en 10:19. Dice: "Por tanto, amaréis al extranjero, porque fuisteis extranjeros en la tierra de Egipto". La simple noción es de suma importancia: Dios nos llama a ser misericordiosos y compasivos con el inmigrante porque nosotros (o alguien en nuestro árbol genealógico) también fue inmigrantes alguna vez.

Al mismo tiempo, Dios es justo, y en Su Palabra, Él habla de orden y justicia. Específicamente, en Romanos 13:1-4, la Palabra dice:

[1]Pague cada alma a las autoridades gobernantes. Porque no hay autoridad sino de Dios, y las autoridades que existen son designadas por Dios.[2] Por lo tanto, el que se resiste a la autoridad se resiste a la ordenanza de Dios, y los que se resisten traerán juicio sobre sí mismos. [3] Porque los gobernantes no son un terror a las buenas obras, sino al mal. ¿Quieres no tener miedo de la autoridad? Haz lo que es bueno, y tendrás elogios de los mismos. [4] Porque él es el ministro de Dios para ti para bien. Pero si haces el mal, ten miedo; porque no lleva la espada en vano; porque él es el ministro de Dios, un vengador para ejecutar la ira sobre el que practica el mal.

En sí mismo, este pasaje muestra que si un país tiene medidas razonablemente justas o equitativas, las medidas deben cumplirse, y que la misericordia no es sinónimo de libertinaje o anarquía en una sociedad. Además, todas las naciones del mundo tienen el derecho fundamental de dirigir y proteger a sus ciudadanos.

¿Cómo podemos reconciliar estos dos principios: justicia y orden por un lado, y gracia y misericordia al extranjero por el otro? Debe haber un equilibrio de algún tipo, incluso si ese equilibrio difiere entre las personas. Es decir, aunque un país tiene leyes de inmigración y valora principalmente su soberanía y el bienestar de sus ciudadanos, cada nación también tiene la obligación de, dentro de sus posibilidades, considerar brindar una oportunidad de refugio y estadía legal a aquellos que demuestran que pueden ser parte de esa sociedad. Esta obligación puede deberse a un problema de persecución o porque el solicitante con sus talentos, inversión o experiencia puede beneficiar a nuestra sociedad. Toda la legislación o política de inmigración debe basarse en la justicia y los parámetros justos para sus ciudadanos, y por lo tanto las leyes deben ser respetadas. Sin embargo, un país próspero siempre debe de considerar dar a las personas de otros países, especialmente refugiados y víctimas de persecución, la oportunidad de buscar refugio y un futuro en dicho país siempre y cuando los casos de estas personas lo ameriten. En resumen, una mezcla de justicia, ley y orden, misericordia y gracia, como se basa la Biblia, debe ser el estándar pues es así que Dios actúa con nosotros.

¿Son racistas los estadounidenses?

Muchos inmigrantes preguntan si serán discriminados cuando lleguen a los Estados Unidos. Esta es una consideración seria y el temor que muchas personas enfrentan antes de migrar a los Estados Unidos. Estoy seguro de que la respuesta cambia dependiendo a quién le preguntes y dónde te establezcas. Personalmente, he tenido la oportunidad de vivir y viajar a varias ciudades dentro de los Estados Unidos y, según mi experiencia personal y la de cientos de mis clientes, las personas en los Estados Unidos son generalmente amigables y acogedoras con los demás. Encuentran que Estados Unidos no es un país racista y que, en su mayor parte, el pueblo estadounidense quiere extender una mano amiga a los demás. Sin embargo, (y entendiblemente) ni ellos ni ninguna persona en cualquier parte del mundo, qusiera ser tomado ventaja de su bondad. Desafortunadamente, siempre habrá excepciones o personas que, independientemente de la etnia, raza o religión de alguien, empañarán la buena reputación de los estadounidenses. Soy testigo de que si hay un país que da la bienvenida al inmigrante, ese es Estados Unidos.

Apoyo a la Reforma Migratoria

Es muy común escuchar la idea de que cuando alguien no está de acuerdo con ciertas protecciones de inmigración, esa persona es racista o malvada. Al menos esta es una idea que comúnmente se vende a la gente por los principales medios de comunicación, especialmente en español.

Cuando estaba en la facultad de derecho, uno de los temas de discusión era la inmigración ilegal. Hasta entonces, pensaba que si alguien no estaba de acuerdo con la legislación para apoyar la inmigración, probablemente era una mala persona, tal vez incluso racista, un ser humano sin compasión. En clase, todos tuvimos que hablar sobre diferentes temas controverciales, y el tema de la inmigración se asignó a dos estudiantes brillantes en mi escuela de derecho: un joven de África y un joven estadounidense que era el mejor estudiante de la clase. Argumentaron que, a diferencia de la inmigración legal, la inmigración ilegal es un acto inmoral que va en contra de las leyes de un país. Para hacer este punto, argumentaron usando principios bíblicos, especialmente el libro de Romanos 13.

Cuando escuché esto, especialmente de un joven que también era inmigrante, me enojé e hice preguntas acusatorias frente a toda la clase. Estaba tan molesto que al día siguiente, cuando llegó el momento de hablar sobre el tema, mi maestra no me permitió hablar.

A medida que pasaban los días, tuve la oportunidad de hablar como compañero de clase y amigo con personas que pensaban de esta manera fuera del aula. Al tener conversaciones directas, no con personas que dan una presentación o en un debate formal, pude comprender mejor su posición y creencias. Aunque mi actitud en la clase de derecho no fue la más apropiada, mi posición no ha cambiado en lo siguiente: Países desarrollados, como los Estados Unidos, debería considerar otorgar (en la medida de sus posibilidades) protecciones y amparos migratorios a personas de otros países, que ameriten ser parte de sus sociedades. Esto es vital, no solo para el inmigrante, sino para la nación.

Estas interacciones fueron una gran experiencia de aprendizaje para mí. Aprendí que las personas buenas e inteligentes pueden estar en desacuerdo en este tipo de temas, y no son necesariamente malas personas. Los dos jóvenes que hicieron la presentación eran personas comunes que tenían compañeros de otras razas y nacionalidades y fueron amables conmigo a pesar de nuestras diferentes opiniones. Presentaron argumentos válidos. A veces me decían: "Jesús, mi preocupación con este tema es que al dar estatus legal a todas las personas que no tienen documentos, la fuerza de la ley se debilitará. Las leyes y las instituciones migratorias no se respetan en estos casos". Otro argumento que dieron fue: "la inmigración ilegal envía una señal al resto del mundo de que no es necesario venir legalmente y que Estados Unidos siempre le dará un estatus migratorio legal a quien quiera venir". Finalmente, entre muchos argumentos que he escuchado, este proviene a menudo de otros inmigrantes, entre ellos hispanos: "Si trabajé duro para estar legalmente en los Estados Unidos, ¿por qué a otros que vienen ilegalmente se les debería dar la legalización automáticamente? ¿No es eso injusto? Ciertamente, estos son argumentos muy válidos, y las personas que tienen tales opiniones no son monstruos despiadados.

Después de entender esto, conversé con la profesora de mi clase sobre el tema, pero en esta ocasión sin los ánimos alterados y de una forma respetuosa y sabia. Ella compartió conmigo que sentía que Dios puso esa pasión en mí para ayudar a mi comunidad, y es por eso que yo era tan apasionado por el tema. Mi profesora y su declaración realmente me inspiraron a salir adelante y hacer todo lo posible como profesional legal para ayudar a mi comunidad de una manera honesta y apasionada. Ella me recordó que tuviera en cuenta que aquellos que pueden no estar de acuerdo con mi punto de vista no son necesariamente malas personas, sino que simplemente ven las cosas de diferente manera. He conocido a muchas personas que me han ayudado a entender diferentes puntos de vista, y con respeto, hemos podido aprender más sobre nuestras diferencias y valorar lo que nos une en lugar de lo que nos divide. Estamos unidos por nuestra creencia en Dios y nuestro deseo de hacer Su voluntad para nosotros, nuestras comunidades y nuestra nación.

¿Son todos los inmigrantes ángeles?

Es necesario que el país cuente con un sistema migratorio actualizado y eficiente. Por lo tanto, las leyes de inmigración deben implementarse y hacerse cumplir de manera eficiente. Sin embargo, debe haber un elemento de misericordia y deseo de ayudar al inmigrante en todas las leyes de inmigración, lo que proporcionaría una vía para las personas que, con esfuerzo, buena conducta moral y otros factores, puedan obtener la residencia legal. Desde mi propia experiencia en el proceso de inmigración y como abogado, he tenido la alegría de ayudar a cientos de personas con diferentes tipos de procedimientos de inmigración, desde solicitudes de asilo, representación en tribunales de inmigración y obtención de una variedad de visas. Basándome en mi interacción con tanta gente, estoy seguro de que la mayoría de las personas que vienen a los Estados Unidos lo hacen por buenas razones y son buenas personas. Quieren darse a sí mismos y a sus familias un futuro mejor. La mayoría de los inmigrantes no tienen problemas con la ley.

También reconozco que no todas las personas que vienen a los Estados Unidos son personas con buenas intenciones. Hay personas que, a pesar de que este país les ha dado refugio y un lugar para prosperar, usan las libertades que tienen aquí para cometer fraudes, fechorías y actividades delictivas. Es por eso que es necesario tener un sistema de inmigración justo y organizado que pueda evaluar los beneficios y costos de permitir que alguien del extranjero sea parte de la sociedad estadounidense. A veces hablar de esto es delicado; como inmigrante hispano y como abogado que defiende los derechos de los inmigrantes, muchos creen que se supone que siempre debo decir que todos los inmigrantes somos seres "perfectos" y que si alguien no acepta a todas las personas que quisieran inmigrar a este país (incluso a los indocumentados con antecedentes criminales o malas intenciones) son racistas, odiosos o personas malvadas. ¿Puedes, en buena conciencia, llegar a tal conclusión, incluso como inmigrante?

Como inmigrantes, cuando vemos fechorías cometidas por nuestros compañeros inmigrantes, debemos ser los primeros en condenar tales actos que deshonran a nuestro pueblo y el país que les nos acogió. Aunque son la minoría, dan mala fama a toda la comunidad inmigrante. Me indigna cada vez que veo noticias de inmigrantes cometiendo actos criminales, aprovechándose de la bondad que este país les ha dado. Como inmigrantes en un país que nos dio la bienvenida y nos dio oportunidades que de otra manera no hubiéramos tenido, deberíamos querer ser buenos miembros de nuestra sociedad, lo que incluye respetar a su gente y honrar sus leyes, tradiciones y costumbres.

CAPÍTULO 28

La grandeza de los Estados Unidos

Una de las principales cosas que hacen grande a Estados Unidos es que el gobierno y la gente creen en ayudar a los demás. Cuando la tragedia golpea en países de todo el mundo, independientemente de su relación diplomática con los Estados Unidos, el gobierno estadounidense y su pueblo están dispuestos a brindar apoyo de todas las maneras posibles. Los soldados estadounidenses derrotaron la inminente amenaza mundial planteada por los nazis en las décadas de 1930 y 1940. Cuando los desastres naturales ocurren en todo el mundo, las organizaciones estadounidenses son las primeras en ayudar al mundo entero junto con muchos otros que siempre están allí para ayudar a los miembros de la comunidad internacional. Lo presencié con mis propios ojos con los refugiados de Venezuela en Colombia.

Aunque el pueblo estadounidense es muy diverso en sus creencias religiosas, la moralidad del pueblo estadounidense generalmente se guía por sus valores bíblicos según un estudio del prestigioso 'Pew Research Center' en un estudio publicado en 2011. En su mayor parte, en mi opinión y experiencia en los Estados Unidos, la mayoría de los estadounidenses cumplen con la regla de oro: "ama a tu prójimo como a ti mismo". Si bien hay muchas personas buenas que no necesariamente creen en Dios, lo que es interesante de este país en términos de religión es la importancia de los fundamentos bíblicos que tiene. La religión cristiana fue practicada por los fundadores de la nación, a pesar de que eran hombres defectuosos, el efecto de la Biblia es evidente tanto en la Constitución como en la Declaración de Independencia.

El pueblo estadounidense es un pueblo que por lo general, y en mi opinión, genuinamente le interesa el bienestar de este y otros países. Si bien ciertamente hay personas en este país que han cometido y están cometiendo actos atroces, no se compara con el sacrificio del pueblo estadounidense en general y su amabilidad y voluntad de ayudar, que es lo que los convierte en una fuerza global.

Llegando a América

¿Por qué la gente, como mi familia y tantos otros, quieren venir a los Estados Unidos? La respuesta es obvia para la mayoría, pero para algunos puede que no lo sea. Antes de exponer parte de la grandeza de este país, es necesario resaltar que Estados Unidos no es un país perfecto, y como todos los países, ha lidiado con males y períodos oscuros durante su historia. Por ejemplo, el desplazamiento forzoso de comunidades nativas americanas, la esclavitud de afroamericanos, periodos de racismo legal bajo la doctrina "Jim Crow", detención forzada de comunidades asiáticas durante la guerra mundial, rechazo de comunidades judías huyendo del Holocausto y esterilizaciones de personas discapacitadas. Sin embargo, a pesar de estos periodos desgarradores y oscuros en la historia Americana, como país, en la actualidad no solo se han ratificado dichos errores, pero también se ha aprendido de esos periodos oscuros en nuestra historia para no solo permitir que no vuelvan a suceder, pero para unirnos aún más como país. Hemos aprendido que la unión, no nuestras diferencias, nos hacen fuerte.

En comparación con otras naciones, Estados Unidos ha tenido una impresionante historia de grandes logros y héroes que han impactado positivamente al mundo. En general, Estados Unidos es un país donde se respetan los derechos humanos y las leyes, donde repetidamente vemos ejemplos de cómo las personas que han influenciado al mundo tuvieron la oportunidad primero de prosperar en este gran país. Esto incluye personas como el empresario Jeff Bezos, productores como Steven Spielberg, empresarios como John D Rockefeller, activistas de derechos humanos como el Rev. Dr. Martin Luther King Jr. y atletas de clase mundial como Michael Jordan, Michael Phelps, Mike Tyson y muchos mas. Estados Unidos ha producido el mayor número de personas que han ganado el prestigioso Premio Nobel en diferentes categorías, cuyo país suele liderar al resto del mundo en competencias olímpicas y que se ha posicionado a la vanguardia de los avances científicos y tecnológicos, incluyendo a los programas espaciales. ¿Qué tiene este país que hace que la gente se vuelva extraordinaria?

Después de varios años de investigar la historia y la grandeza de los Estados Unidos, pero sin conocer una razón concreta para este fenómeno, aprendí que la grandeza de este país proviene de varias razones. La principal es la fundación de los Estados Unidos, su Constitución y la Declaración de Independencia de Inglaterra, las cuales están claramente basadas en fundamentos bíblicos. Establecido en la Declaración de Independencia y la Constitución, los Estados Unidos prometen que nuestros derechos nos son dados por nuestro creador, y que ningún hombre puede quitárselos. Estas son las leyes naturales, y estas leyes son reconocidas en documentos que guiarán para siempre a esta nación. El reconocimiento de un Ser Superior poderoso y justo se estableció desde el comienzo de esta nación relativamente joven. La noción de que las personas tienen un valor inherente como seres humanos, creados a imagen y semejanza de su creador, es parte de la base de esta nación. Los Estados Unidos creen que cada persona es importante a los ojos de Dios a pesar del estatus social, la cultura, el origen étnico, el credo, la raza, la religión. Estados Unidos cree que su pueblo debe tener la oportunidad de ser libre, de elegir a sus gobernantes votando, donde no hay un líder todopoderoso sino un sistema de controles y equilibrios que permita que el poder recaiga en los ciudadanos de la nación.

La apreciación de las leyes es una base esencial en la sociedad estadounidense. Las leyes no están diseñadas para ser dictatoriales o "arruinar" la diversión de una persona, sino más bien para crear un sistema donde las personas, de manera ordenada y libre, puedan disfrutar de ser parte de la sociedad. Es este aprecio general por la ley y el orden y el fundamento de la nación lo que ha permitido el fomentar el potencial humano a través de las fronteras étnicas y religiosas.

En la sociedad estadounidense, la corrupción, aunque existe, es mucho menos frecuente en comparación con otros países. Es por eso que, a pesar de la diferencia de opiniones políticas entre los gobernantes de otras naciones con la de los Estados Unidos, la percepción mundial sobre America siempre ha sido que, en su mayor parte, somos un país de ley y orden, donde las leyes son obedecidas por sus residentes. Esto se confirma por el hecho de que este país ha creado bases para la protección de los derechos humanos en todo el mundo, incluyendo instituciones como las Naciones Unidas.

Las instituciones en los Estados Unidos son respetadas y son tan fuertes que incluso los gobernantes y presidentes están sujetos a ellas. En general, en los Estados Unidos la ley es suprema y nadie está por encima de ella. El orgullo que el pueblo estadounidense siente por su propio país ha ayudado tanto al gobierno como a sus habitantes a estar agradecidos por lo que tienen e inspirarlos a mantener ese orden. Además de esto, el sistema capitalista moderado, donde el esfuerzo y la iniciativa son debidamente recompensados, son factores que han hecho que Estados Unidos sea único en su economía. En otros países, aquellos que han prosperado honestamente, a menudo son marginados y discriminados y etiquetados como los malos "ricos" o "burgueses" de la sociedad. En los Estados Unidos, el esfuerzo y la iniciativa son honrados.

Finalmente, los avances científicos, el deseo continuo de proteger los derechos humanos y una fuerza militar sin competencia relativa, han hecho de esta nación la superpotencia número uno en el mundo de hoy. Muchos han sido capaces, en esta "tierra fértil", de criar familias prósperas y tener negocios exitosos. Este país se ha convertido en el crisol que ha servido de horizonte de esperanza para muchos en todo el mundo y donde muchos han podido alcanzar sus objetivos. Aunque siempre estaré orgulloso de ser latino y de mi país natal, Venezuela, los Estados Unidos, es, sin duda alguna, un gran país ejemplar, el cual valoro y el cual me enorgullece ser uno de sus ciudadanos.

CAPÍTULO 29

Seamos un país unido

Estados Unidos ha pasado por divisiones a lo largo de su historia a nivel político, social y económico que desafortunadamente han afectado a sus ciudadanos tanto positiva como negativamente, y a algunos grupos de personas más que a otros. Como alguien que prácticamente creció en esta nación, honestamente creo que hay personas principalmente bien intencionadas, experimentadas y capaces de gobernar el país. Sé que este mundo está gobernado por personas imperfectas. Sin embargo, estos seres imperfectos que gobiernan, en la mayoría de los casos, tratan de hacer lo mejor que pueden en función de su experiencia, conocimiento y moral. Sé que no todos los presidentes estadounidenses han hecho cosas positivas para el país, y tal vez sin querer, algunos de ellos han perjudicado al país. Sin embargo, estoy seguro de que ningún presidente, gobernador o líder llega al cargo con la intención de destruir el país. Por el contrario, a su manera, intentan mejorarlo.

Creo que puede haber un compromiso saludable entre las divisiones que afectan a nuestro país, pero ese es un tema para otro día y tal vez otro libro. Lo cierto es que es triste ver cómo a veces nuestras diferencias políticas y religiosas a veces empañan las amistades e incluso las relaciones familiares. Los problemas sociopolíticos como la inmigración dividen tanto a las personas, pero no debería ser así. No debemos perder la noción de que, para aquellos de nosotros que ya somos ciudadanos, somos ciudadanos de un gran país, los Estados Unidos, pero más que eso, debemos valorar y estimar a las personas más allá de sus creencias políticas, religiosas o de cualquier otro tipo. Más que solo personas que pertenecen a un partido político o grupo activista en particular, debemos tener en cuenta que somos padres, hermanos, hijos, hijas y, lo más importante, creaciones perfectas de Dios.

Entonces, sí, sigamos apoyando a nuestros candidatos políticos y seamos partícipes del proceso cívico nacional, especialmente el tener el privilegio de votar. Critiquemos a nuestros líderes de una manera sana y productiva, y mantengámoslos siempre en oración. Nunca debemos caer en la trampa venenosa de atacar a una persona o a todo un grupo de personas porque no piensan lo mismo que nosotros o porque son diferentes a nosotros.

Es importante dejar en claro que a pesar de las diferencias políticas o religiosas en nuestro país, la gran mayoría de las personas en los Estados Unidos quieren prosperar y ver a sus familias salir adelante. Quieren proporcionar lo mejor para sus familias, y del mismo modo, disfrutar de los derechos establecidos en la Constitución de los Estados Unidos. Esencialmente, quieren disfrutar de la vida, la libertad y la oportunidad de tener éxito, así como estar seguros.

Nuestra Visión y Futuro

Dios ha sido bueno con mi familia, con mi equipo y conmigo, y por esto, estoy extremadamente agradecido. Me ha dado ideas y recursos para ayudar a más personas a alcanzar el sueño americano. Si Dios lo permite, podré ayudar a miles de personas que quieren hacer de los Estados Unidos su nuevo hogar o permitirles mejorar sus vidas en sus propios países invirtiendo en los Estados Unidos.

Finalmente, también es nuestro deseo, especialmente el de mi esposa, Laura, tener la oportunidad algún día de poder asistir a orfanatos o dirigir nuestro propio orfanato para niños indocumentados que fueron abandonados en la frontera por sus padres o que, desafortunadamente, sus padres han perdido la vida, ya sea en el camino a los Estados Unidos o después de la deportación.

Les insto a que se mantengan en comunicación con nosotros a través de nuestro sitio web www.jesusreyeslegal.com o www.jesusreyeslaw.com y nuestras redes sociales para obtener actualizaciones sobre estos proyectos e interactuar conmigo virtualmente para que pueda brindarles toda la información actualizada sobre inmigración. Conozca un poco sobre nuestro día a día con nuestros clientes, incluyendo de dónde vienen, los casos en los que hemos podido obtener aprobaciones e información para ayudar a ser más conocedores en el área de inmigración.

¡Dios los bendiga a todos!

Mi hija Abby cuando era bebe

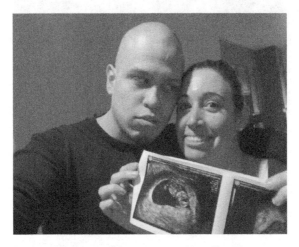

Sonograma de mi primera Hija Abigail

Lynchburg

Participando en jornada informativa del DACA desde los estudios de
Univisión en Doral, FL

Foto con presentadora de la Cadena Univision Sandra Peebles

Participando en una entrevista radial con el presentador Javier Romero

Participando en entrevista radial con presentadora radial Fabiola Romero

Foto con presentador de Univisión Jorge Ramos

Foto con presentadora y periodista Maria Elena Salinas

Fotos una de mis primeras oficinas

El primero de muchos clientes que hemos podido asistir en obtener la
ciudadanía americana

Uno de nuestros primeros clientes en obtener Asilo aprobado

Uno de nuestros primeros clientes en obtener un amparo en la corte de inmigración de residencia

Mi primera entrevista con CNN

Foto luego de entrevista con presentador de CNN Camilo Egaña

Mi primera entrevista en televisión con la presentadora Rashel Diaz

Foto luego de entrevista con presentadores Daniel Sarcos y la presentadora
Zuleyka Rivera

Pro Immigrant Rally in Washington, DC 2010

Foto con mi hermano durante convocación a favor del
DREAM ACt en el 2009

Foto con mis compañeros de kindergarten

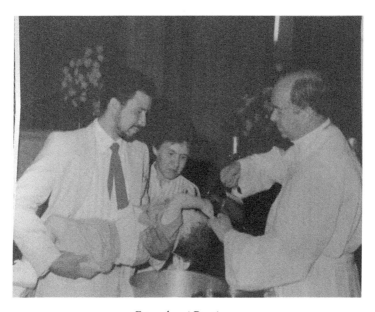

Fotos de mi Bautismo

Foto con mi clienta Maria, cuyo testimonio relato en el capítulo 24 del libro

Fotos con los hijos de nuestra clienta Maria desde el
aeropuerto internacional de Miami

Foto con la periodista Patricia Poleo y el Director de la Organización de perseguidos políticos venezolanos en el Exilio (VEPEX)

Foto con el presentador Camilo Egana

Ofreciendo consultas gratuita en la conferencia de CAP

Foto con Pastores Cristianos de Cuba durante conferencia CAP

Foto con el presentador Pedro Sevsec

Foto con el Presentador y Periodista Felix Guillermo

Foto delante de la escultura dedicada a los inmigrantes en Ellis Island, NY

Foto al frente de la Estatua de la Libertad en Nueva York

Foto en el estudio del show "Un Nuevo Día" en la cual asistimos a una
familia Guatemalteca en su caso migratorio

Figure 1Foto de foro migratorio desde los estudios de America TV

Foto con mis hijas Emma y Abigaíl en la escuela de derecho de Liberty en Lynchburg, VA

Desde la sala del tribunal legal de la escuela de derecho
de Liberty con mi familia

Foto de Nuestra Conferencia de Inmigración en Homestead, FL

Conferencia de Inmigracion en Atlanta, GA

Foto con el Periodista y presentador Jaime Bayly

Fotos de Evento comunitario auspiciado por nuestra firma en Homestead, FL

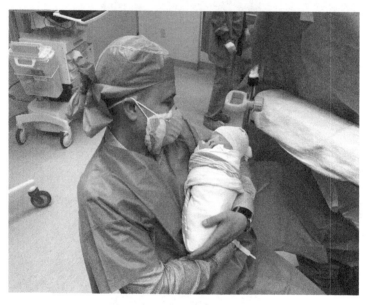

Foto de mi hija Emma recienacida

Foto con Jean Carlos: Joven Venezolano a punto de ser deportado y con 5% chance de ganar su caso obtuvo aprobacion en su caso de asilo (Mas sobre su testimonio en capitulo 24)

Foto fuera del Centro de Detención de Inmigrantes Krome (ya como Abogado)

Fotos con mi madre y mis hermanos cuando era un niño pequeño en Altagracia, parroquia en Caracas, Venezuela

Fotos de la Caravana de Inmigrantes en Tijuana, México

Fotos de la Caravana de Inmigrantes en Tijuana, México

Fotos de la Caravana de Inmigrantes en Tijuana, México

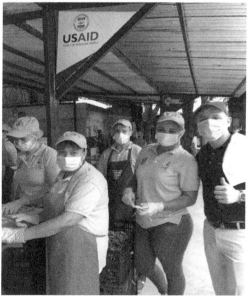

Fotos de ayuda humanitaria en Cúcuta, Colombia

Foto con Familia Venezolana en Albergue para Inmigrantes en Cúcuta, Colombia

Foto de mi graduación de la escuela de Derecho de Liberty con mis
hermanos Guillermo y Marcos

Foto en la graduación de la academia de policía

Foto con la Congresista Ileana Ros-Lehtinen y mi esposa